Impressum
Verlag: BABADADA GmbH, Nedderfeld 112 , 22529 Hamburg
Geschäftsführer / Verlagsleitung: Harald Hof
Druck: Books on Demand GmbH, In de Tarpen 42, 22848 Norderstedt

Imprint
Publisher: BABADADA GmbH, Nedderfeld 112 , 22529 Hamburg, Germany
Managing Director / Publishing direction: Harald Hof
Print: Books on Demand GmbH, In de Tarpen 42, 22848 Norderstedt

baruumsaa

σχολείο

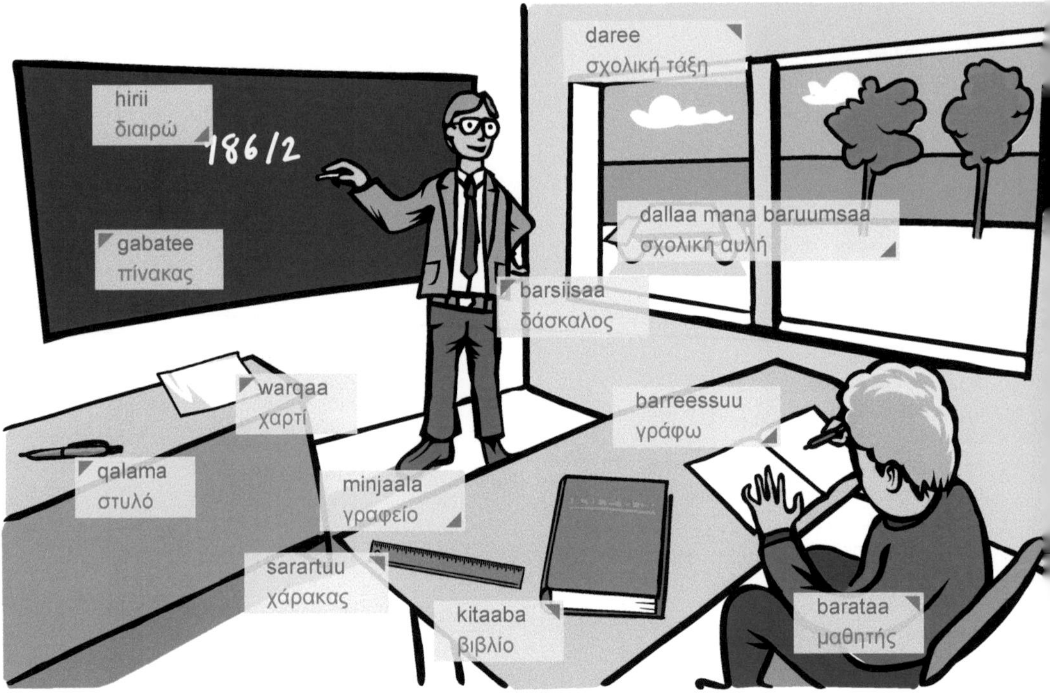

daree
σχολική τάξη
hirii
διαιρώ
186/2
gabatee
πίνακας
dallaa mana baruumsaa
σχολική αυλή
barsiisaa
δάσκαλος
warqaa
χαρτί
barreessuu
γράφω
qalama
στυλό
minjaala
γραφείο
sarartuu
χάρακας
kitaaba
βιβλίο
barataa
μαθητής

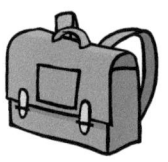

korojoo baattamu

σχολική τσάντα

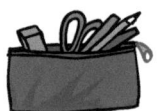

teessoo irsaasii

κασετίνα/ μολυβοθήκη

irsaasii

μολύβι

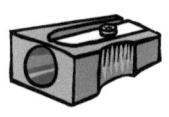

qartuu irsaasii

ξύστρα

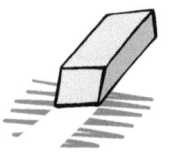

haqxuu

γόμα

paadii fakkii

μπλοκ ζωγραφικής

fakkii

ζωγραφική

burusha halluu

πινέλο

saanduqa halluu

κουτί χρωμάτων

maqasa

ψαλίδι

maxxansituu

κόλλα

daftara

τετράδιο ασκήσεων

hojii manaa

εργασία για το σπίτι

lakkoofsa

αριθμός

ida'ii

προσθέτω

hir;isi

αφαιρώ

bay;isi

πολλαπλασιάζω

heerregii

υπολογίζω

xalayaa

γράμμα

tarree qubee

αλφάβητο

jecha

λέξη

kitaaba barataa

κείμενο

dubbisuu

διαβάζω

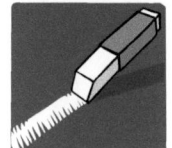

biroonkii

κιμωλία

baruumsa

μάθημα

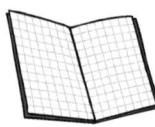

galmeessuu

εγγράφομαι

qormaata

τεστ

raga barreeffamaa

πιστοποιητικό

uffata mana baruumsaa

μαθητική στολή

barnoota

εκπαίδευση

insaaykiloopeediyaa

εγκυκλοπαίδεια

yuunivarstii

πανεπιστήμιο

maaykiroos kooppii

μικροσκόπιο

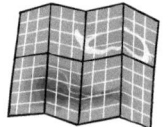

kaartaa

χάρτης

qircaata gatoo

καλάθι αχρήστων

imala
ταξίδι

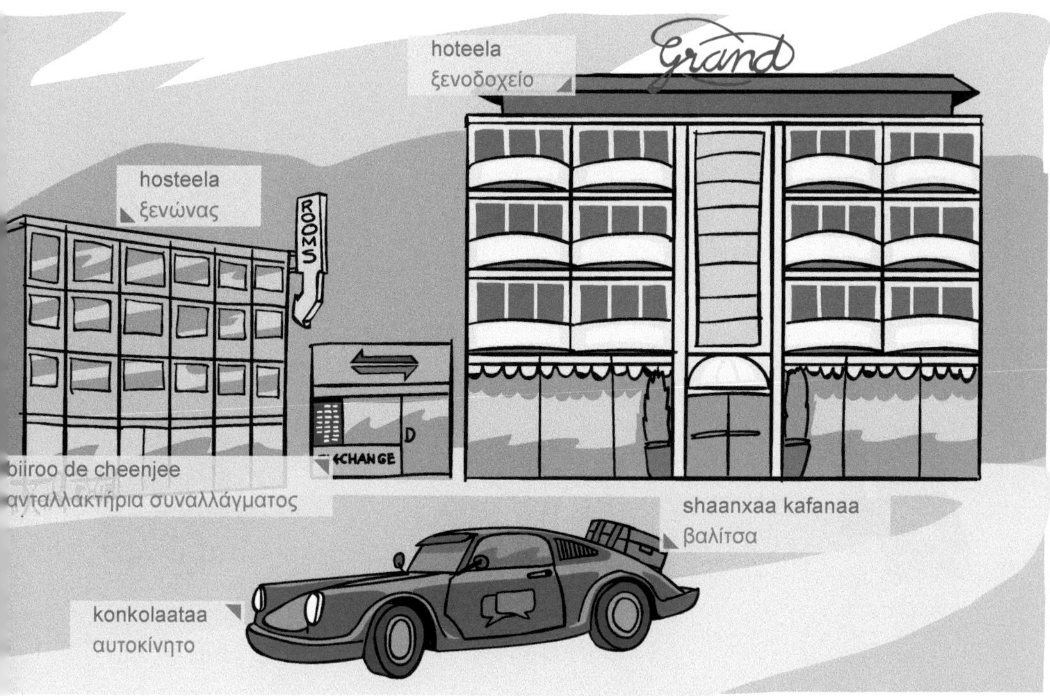
Grand
hoteela
ξενοδοχείο
hosteela
ξενώνας
ROOMS
EXCHANGE
biiroo de cheenjee
ανταλλακτήρια συναλλάγματος
shaanxaa kafanaa
βαλίτσα
konkolaataa
αυτοκίνητο

afaan

γλώσσα

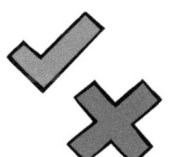

eyyeen / mitii

ναι / όχι

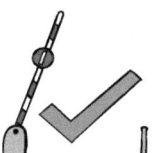

haa ta'u

εντάξει

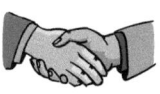

heloo

γεια σου

turjmaana

μεταφραστής

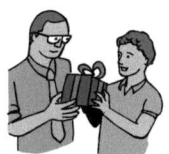

galatoomaa

Ευχαριστώ

meeqa

πόσο κάνει ;

naaf hingalle

Δε καταλαβαίνω

rakkoo

πρόβλημα

akkam ooltan

Καλησπέρα!

akkam bultan?

Καλημέρα!

halkan gaarii

Καληνύχτα!

nagaatti nagaatti

Αντίο

kallattii

κατεύθυνση

ba'aa imalaa

αποσκευές

korojoo

τσάντα

ba'aa dugdaa

σακίδιο πλάτης

keessummaas

καλεσμένος

kutaa

δωμάτιο

korojoo hirriibaa

υπνόσακος

dukkaana

σκηνή

odeeffannoo turistii

ουριστικές πληροφορίες

qarqara haroo

παραλία

kireedit kaardii

πιστωτική κάρτα

ciree

πρωινό

laaqana

μεσημεριανό

irbaata

δείπνο

tikkeetii

εισιτήριο

liiftii

ανελκυστήρας

chaappaa

γραμματόσημο

daangaa

σύνορα

barmaatilee

τελωνείο

embaasii

πρεσβεία

viizaa

βίζα

paasspoortii

διαβατήριο

geejiba

μεταφορά

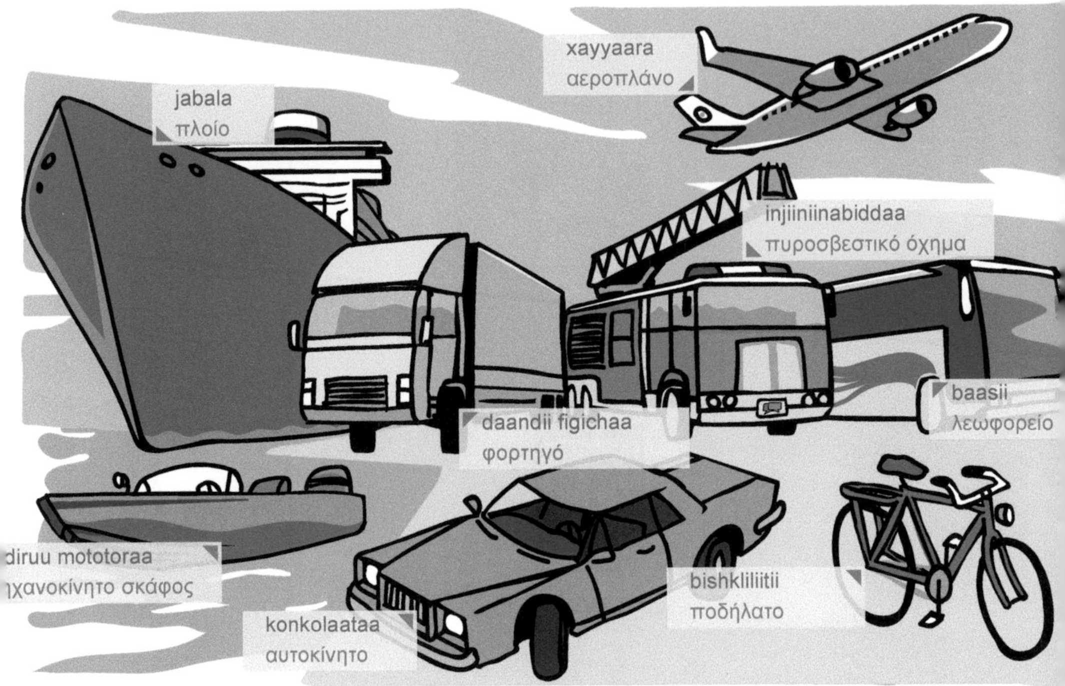
xayyaara
αεροπλάνο
jabala
πλοίο
injiiniinabiddaa
πυροσβεστικό όχημα
baasii
λεωφορείο
daandii figichaa
φορτηγό
diruu mototoraa
ιχανοκίνητο σκάφος
bishkliliitii
ποδήλατο
konkolaataa
αυτοκίνητο

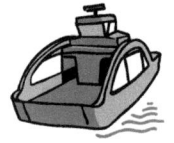

bidiruu deeddebii

φεριμπότ

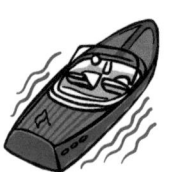

bidiruu

βάρκα

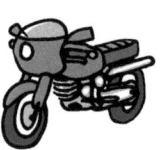

doqdoqqee

μοτοσικλέτα

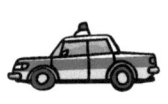

konkolaataa foolisaa

περιπολικό

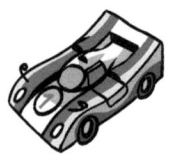

konkolaataa dorgommii

αγωνιστικό αυτοκίνητο

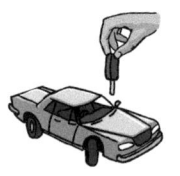

konkolaataa kiraa

ενοικιαζόμενο αυτοκίνητο

konkolataa waliin gahuu

αμοιρασμός αυτοκινήτων

marsaa boqqoonna

γερανός

daandii dhorkaa

απορριμματοφόρο

motora

κινητήρας

boba'aa

καύσιμο

buufata boba'aa

βενζινάδικο

mallattoo tiraafikaa

πινακίδα σήμανσης

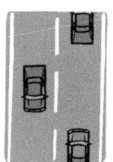

tiraafika

κυκλοφορία

cuccufaa daandii
konkolaataa

κυκλοφοριακή συμφόρηση

dhaabbii konkolaataa

χώρος στάθμευσης

buufata baburaa

σιδηροδρομικός σταθμός

konkolaataa guddaa

σιδηροδρομικές γραμμές

baabura

τρένο

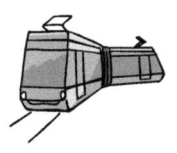

baabura eleektirikaa

τραμ

gaarii fardaa

βαγόνι

geejiba - μεταφορά

helikooftara

ελικόπτερο

buufata xayyaaraa

αεροδρόμιο

qooxii

πύργος

keessummaa

επιβάτης

konteenara

εμπορευματοκιβώτιο

kaartunii

χαρτοκιβώτιο

gaarii

καρότσι

qirccaata

καλάθι

barrisuu / qubachuu

απογειώνομαι /
προσγειόνομαι

magaalaa gudaa
πόλη

araddaa

χωριό

handhuura magaalaa

κέντρο της πόλης

mana

σπίτι

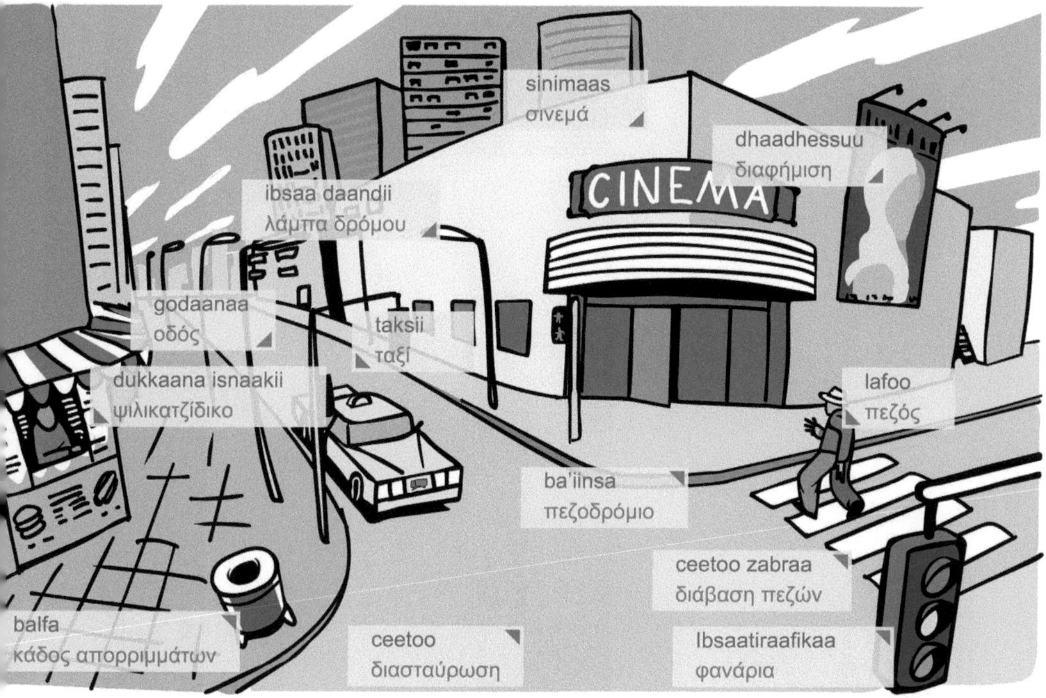

sinimaas
σινεμά

dhaadhessuu
διαφήμιση

ibsaa daandii
λάμπα δρόμου

CINEMA

godaanaa
οδός

taksii
ταξί

dukkaana isnaakii
ψιλικατζίδικο

lafoo
πεζός

ba'iinsa
πεζοδρόμιο

ceetoo zabraa
διάβαση πεζών

balfa
κάδος απορριμμάτων

ceetoo
διασταύρωση

Ibsaatiraafikaa
φανάρια

godoo

καλύβα

diriiraa

διαμέρισμα

buufata baburaa

σιδηροδρομικός σταθμός

galma magaalaa

δημαρχείο

muuziyeemii

μουσείο

baruumsaa

σχολείο

magaalaa gudaa - πόλη

yuunivarstii

πανεπιστήμιο

baankii

τράπεζα

hospitaala

νοσοκομείο

hoteela

ξενοδοχείο

mana qorichaa

φαρμακείο

waajjira

γραφείο

dukkana kitaabaa

βιβλιοπωλείο

dukkaana

κατάστημα

gurgurtuu abaabo

ανθοπωλείο

suppar maarkeetii

σούπερ μάρκετ

gabaa

αγορά

kuusaa dame

πολυκατάστημα

kiyyeessituu qurxxummii

ιχθυοπωλείο

giddu gala gabaa

εμπορικό κέντρο

buufata galaanaa

λιμάνι

paarkii

πάρκο

tessoo dalgee

παγκάκι

riqica

γέφυρα

sibsaabii

σκάλες

Lafa jala

μετρό

holqa

τούνελ

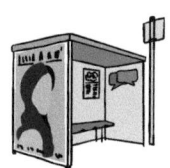

buufata konkolaataa

στάση λεωφορείου

baarii

μπαρ

mana nyaataa

εστιατόριο

saanduqa poostaa

γραμματοκιβώτιο

mallattoodaandii

πινακίδα δρόμου

idoo dhaabbii konkolaataa

παρκόμετρο

dallaa beeladaa

ζωολογικός κήπος

haroo daakkaa

πισίνα

masgiida

τζαμί

qonna

αγρόκτημα

faalama

ρύπανση

iddoo awwaalchaa

νεκροταφείο

charchii

εκκλησία

dirree taphaa

παιδική χαρά

siidaa

ναός

teechuma lafaa
τοπίο

baala
φύλλο

maxxansa beeksiisaa
πινακίδα κατεύθυνσης

karaa
δρόμος

huruufa magariisa
λιβάδι

dhakaa
πέτρα

nama lafoo deemu
πεζοπόρος

muka
δέντρο

laga
ποτάμι

mrga
χορτάρι

abaaboo
λουλούδι

sulula

κοιλάδα

tabba

λόφος

hara

λίμνη

bosona

δάσος

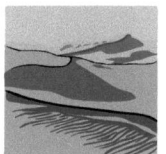

gammoojjii oo;aa

έρημος

dhooyinsalafaa

ηφαίστειο

masaraa

κάστρο

sabbata waaqqaa

ουράνιο τόξο

jaarsa marqoo

μανιτάρι

muka teemiraa

φοίνικας

bookee busaa

κουνούπι

balali'uu

μύγα

mixii

μυρμήγκι

kanniisa

μέλισσα

sarariitii

αράχνη

boombii

σκαθάρι

hurrii

βάτραχος

shikookkoo

σκίουρος

xaddee

σκαντζόχοιρος

beelada illeentii fakkaatu

λαγός

jajuu

κουκουβάγια

simbira

πουλί

daakkiyyee

κύκνος

ifaannaa

αγριογούρουνο

godaa

ελάφι

godaa ameerikaatti argamu

άλκη

riqicha

φράγμα

tarbaayinii buubbee

ανεμογεννήτρια

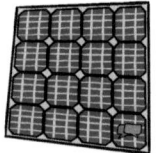

panaalii soolaarii

ηλιακός συλλέκτης

haala qilleensaa

κλίμα

mana nyaataa
εστιατόριο

keessummeessaa
σερβιτόρος
meenuu
κατάλογος
teessoo
καρέκλα
saamunaa
σούπα
piizaa
πίτσα
katlarii
μαχαιροπίρουνα
uffata minjaalaa
τραπεζομάντιλο

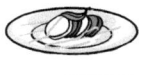

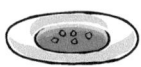

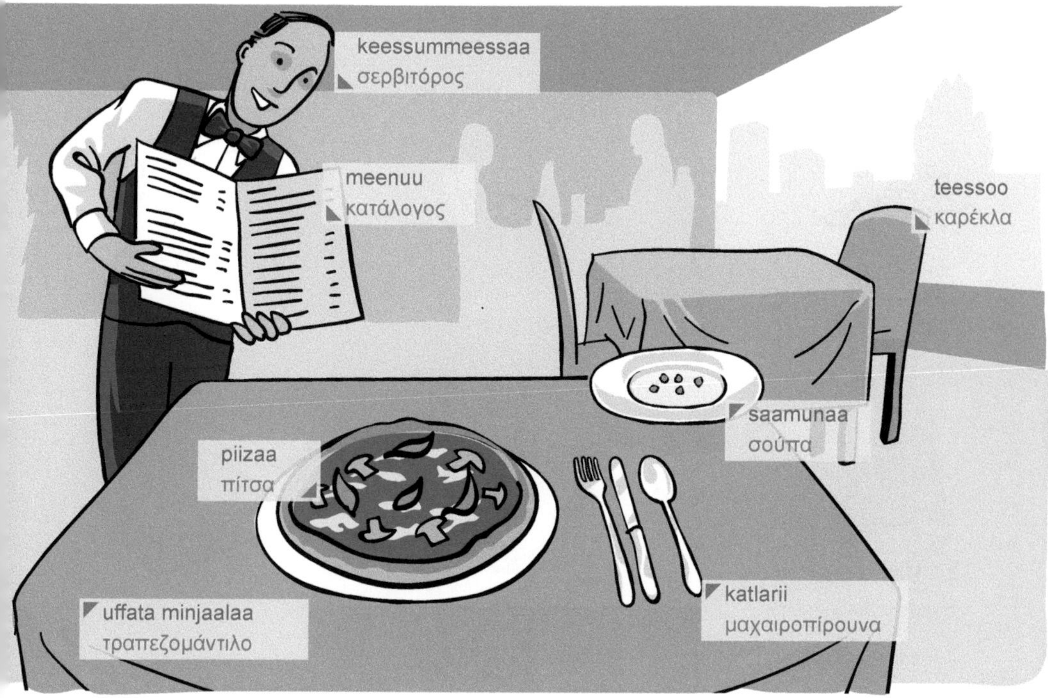

calqabsiisaa

ορεκτικό

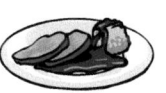

madda muummee

κύριο πιάτο

deezaartii

επιδόρπιο

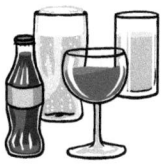

dhugaatii

ποτά

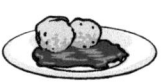

nyaata

φαγητό

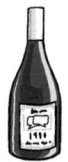

qaruuraa

μπουκάλι

nyaata qophaa'aa

φαστ φουντ

nyaata karaa irraa

φαγητό στ' όρθιο

markajii shaayii

τσαγιέρα

qodaa shukkaaraa

δοχείο ζάχαρης

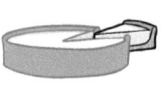

uwwisa

μερίδα

maashina espereessoo

μηχανή εσπρέσο

teessoo ol ka'aa

ψηλή καρέκλα

nagahee

λογαριασμός

tirii

δίσκος

hlbee

μαχαίρι

shuukkaa

πιρούνι

fal'aana

κουτάλι

fal'aana shaayii

κουταλάκι του τσαγιού

uffrata minjaala nyaataa

πετσέτα φαγητού

burcuqqoo

ποτήρι

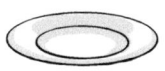

diiriiraa
πιάτο

teessoo saamunaa
πιάτο σούπας

teessoo siinii
πιατάκι φλιτζανιού

sugoo
σάλτσα

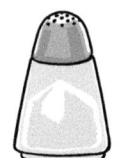

qodaa sooqiddaa
αλατιέρα

daaktuu barbaree
μύλος για πιπέρι

hadhooftuu
ξύδι

zayita
λάδι

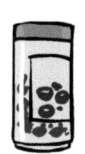

qimamii
μπαχαρικά

kachappii
κέτσαπ

sanaafica
μουστάρδα

maaynoneezii
μαγιονέζα

suppar maarkeetii

σούπερ μάρκετ

kenaa addaa
προσφορά
FOR
maamila
πελάτης
oomish aannanii
γαλακτοκομικά προϊόντα
fuduraa
φρούτα
baabura eelektirikaa
καρότσι για ψώνια

BUTCHERS

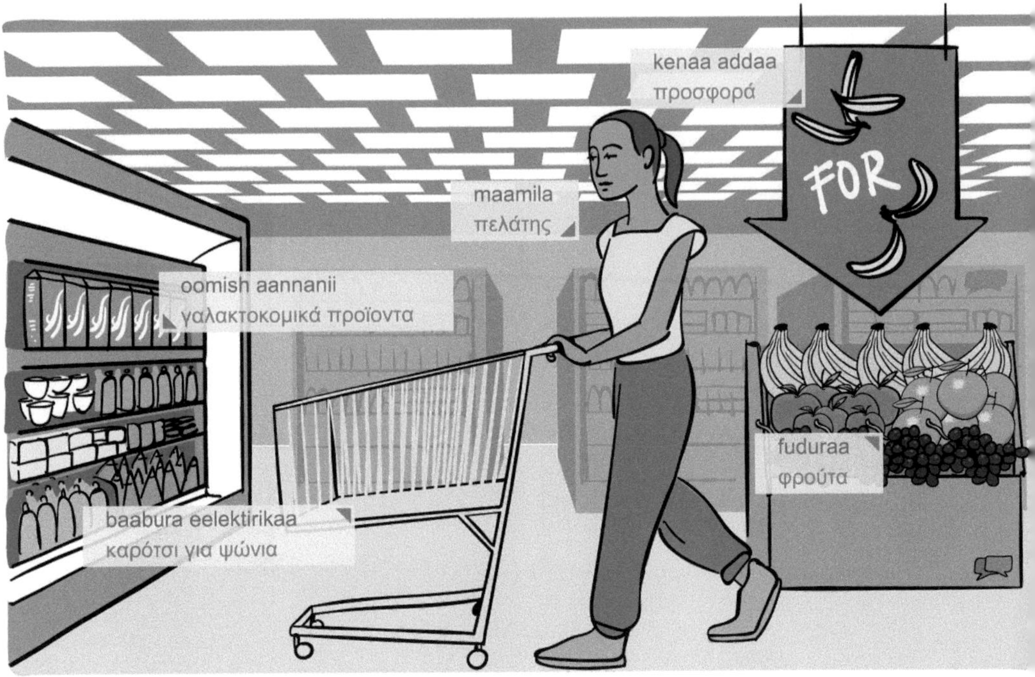

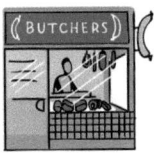

mana foonii

κρεοπωλείο

BAKERY

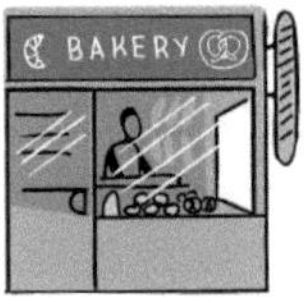

tolchituu

φούρνος

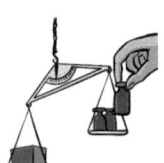

ulfaatina safaruu

ζυγίζω

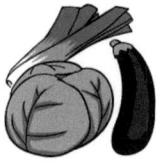

kuduraa

λαχανικά

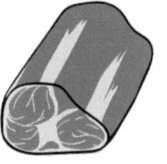

foon

κρέας

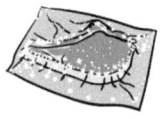

nyaataqorraa

κατεψυγμένα τρόφιμα

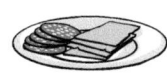

foon qorraa

αλλαντικά

nyaata samsmaa

κονσερβοποιημένη τροφή

oomoo

απορρυπαντικό ρούχων

mi'aawaa

γλυκά

oomisha meeshaa manaa

οικιακά είδη

bu'aa qulqulleessuu

καθαριστικά προϊόντα

nama gurgurtaa

πωλήτρια

hanga

ταμείο

qarshi qabduu

ταμίας

taree gabaa

λίστα για ψώνια

sa'aatii baniinsaas

ωράριο λειτουργίας

krojoo qarshii kan dhiiraa

πορτοφόλι

kireedit kaardii

πιστωτική κάρτα

korojoo

τσάντα

korojoo pilaastikaa

πλαστική σακούλα

bishaan

νερό

cuunfaa

χυμός

aannani

γάλα

kookii

κόκα κόλα

wayinii

κρασί

biiraa

μπίρα

alkoolii

αλκοόλ

kookaa

κακάο

shaayii

τσάι

buna

καφές

espereesso

εσπρέσο

kaappuchuunoo

καπουτσίνο

muuzii

μπανάνα

aappilii

μήλο

burtukaana

πορτοκάλι

meeloonii

πεπόνι

loomii

λεμόνι

kaarotii

καρότο

qullubbii adii

σκόρδο

leemmana

μπαμπού

qullubbii

κρεμμύδι

jaarsa marqoo

μανιτάρι

godoo

ξηροί καρποί

gowwaa

νουντλς

ispaageetii

μακαρόνια

ruuza

ρύζι

salaaxaa

σαλάτα

chiipsii

πατατάκια

moose affeelamaa

τηγανητές πατάτες

piizaa

πίτσα

hmbargarii

χάμπουργκερ

saanduchii

σάντουιτς

kotaleetii

κοτολέτα

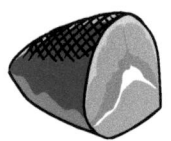

foon booyyee kan luka
fuuiduraa

ζαμπόν

nyaata mi'eessituu fi
sooggiddan sukkummame

σαλάμι

sausage

λουκάνικο

lukuu

κοτόπουλο

waaddii

ψητό

qurxummii

ψάρι

bulluqa aajjaa

χυλός βρώμης

masliis

μούσλι

fandishaa

κορν φλέικς

daakuu

αλεύρι

kiroosantii

κρουασάν

daabboo-

ψωμάκι

daabboo

ψωμί

dabboo oo'aa

τοστ

buskuuta

μπισκότα

dhadhaa

βούτυρο

itittuu

τυρόπηγμα

keekii

κέικ

buuphaa

αυγό

buuphaa affeelamaa

τηγανητό αυγό

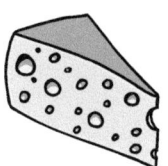

ayibii

τυρί

aays kireemii

παγωτό

shukkaara

ζάχαρη

damma

μέλι

marmaalaataa

μαρμελάδα

chokkoleetii bittinnaa'aa

άλλειμμα σοκολάτας

kuurii

κάρυ

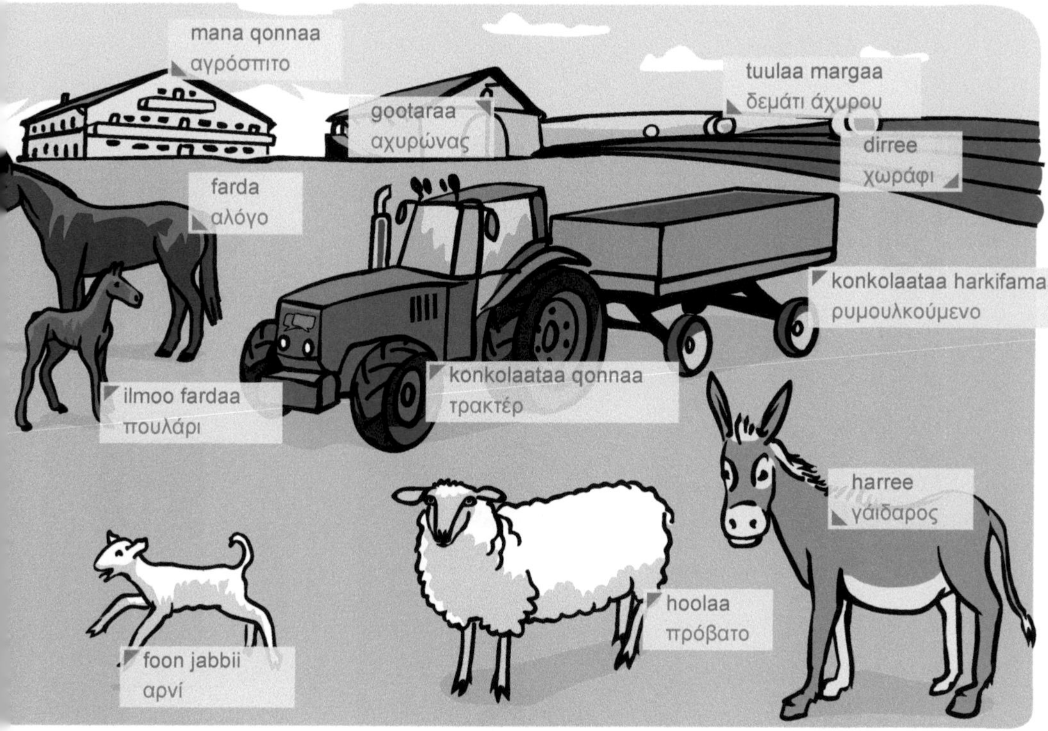

mana qonnaa
αγρόσπιτο

gootaraa
αχυρώνας

tuulaa margaa
δεμάτι άχυρου

dirree
χωράφι

farda
αλόγο

konkolaataa harkifamaa
ρυμουλκούμενο

konkolaataa qonnaa
τρακτέρ

ilmoo fardaa
πουλάρι

harree
γάιδαρος

hoolaa
πρόβατο

foon jabbii
αρνί

ra'ee
....
κατσίκα

sa'a
....
αγελάδα

jabbilee
....
μοσχαράκι

booyyee
....
γουρούνι

ilmoo booyyee
....
γουρουνάκι

korma
....
ταύρος

ziyyee

χήνα

daakkiyyee

πάπια

lukkuu

κοτοπουλάκι

lukkuu haadhoo

κότα

lukkuu kormaa

κόκορας

hantuuta

αρουραίος

adurree

γάτα

hantuuta goodaa

ποντίκι

qotiyyoo

βόδι

saree

σκύλος

mana saree

σπιτάκι σκύλου

ujjummoo oddoo

λάστιχο κήπου

kan ittin bishaan obaasan

ποτιστήρι

haamtuu dheeraa

θεριστήρι

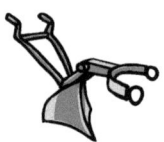

qotuu

αλέτρι

haamtuu

δρεπάνι

gasoo

τσάπα

manshii

δίκρανο

qotoo

τσεκούρι

gaarii goommaa

χειράμαξα

suluula

ταΐστρα

meeshaa aannanii

δοχείο γάλακτος

keeshaa

σάκος

dallaa

φράχτης

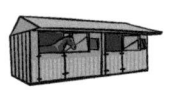

tasgabbii

στάβλος

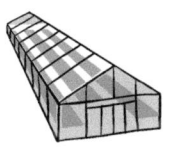

mana biqiltuu

θερμοκήπιο

biyyee

έδαφος

sanyii

σπόρος

dachee gabbistuu

λίπασμα

kmbaayinara haamaa

θεριζοαλωνιστική μηχανή

qonna - αγρόκτημα

haamuu

θερίζω

haamuu

συγκομιδή

biqiltuu hundeen isaa nyaatamu

γιαμς

qamadii

σιτάρι

sooy

σόγια

moose

πατάτα

boqqoolloo

καλαμπόκι

raappii siidii

κράμβη

muka fudraa

οπωροφόρο δέντρο

kzaavaa

μανιόκα

midhaan biilaa

δημητριακά

mana

σπίτι

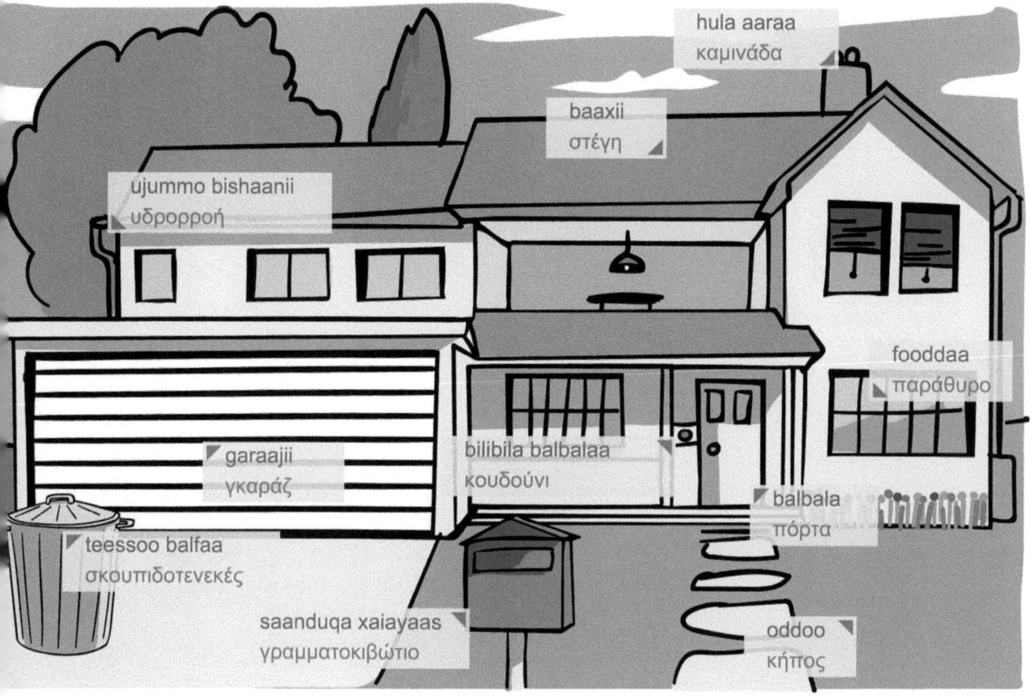
hula aaraa
καμινάδα
baaxii
στέγη
ujummo bishaanii
υδρορροή
fooddaa
παράθυρο
garaajii
γκαράζ
bilibila balbalaa
κουδούνι
balbala
πόρτα
teessoo balfaa
σκουπιδοτενεκές
saanduqa xaiayaas
γραμματοκιβώτιο
oddoo
κήπος

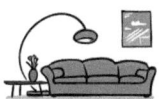

kutaa jireenyaa

σαλόνι

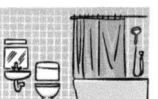

kutaa dhiqannaa

μπάνιο

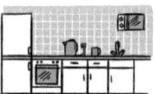

mana bilcheessaa

κουζίνα

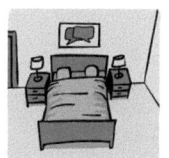

kutaa ciisichaa

υπνοδωμάτιο

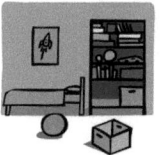

kutaa ijoollee

παιδικό δωμάτιο

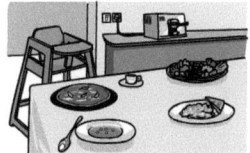

kutaa nyaataa

τραπεζαρία

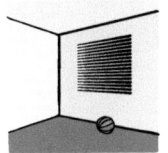

lafa

πάτωμα

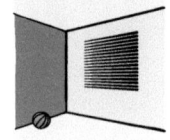

ededaa

τοίχος

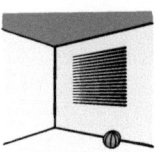

baaxii

οροφή

seelaarii

κελάρι

saawunaa

σάουνα

baankoonii

μπαλκόνι

madaba

βεράντα

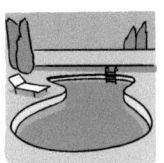

puulii

πισίνα

konkoolaataa haamaa

μηχανή του γκαζόν

ansoolaa

σεντόνι

uffata siree

κάλυμμα κρεβατιού

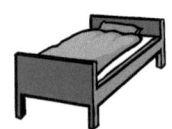

siree

κρεβάτι

hartuu

σκούπα

baaldii

κουβάς

cufuu

διακόπτης

kutaa jireenyaa

σαλόνι

wolpeepparii
ταπετσαρία
fakkii
φωτογραφία
foon hoolaa
λάμπα
masalangaa
ράφι
kaappi boordiis
ντουλάπι
tleviszinii
τηλεόραση
midijjaa
τζάκι
abaaboo
λουλούδι
boraatiii
μαξιλάρι
soofaa
καναπές
tessoo abaaboo
βάζο
too'attuu halaalaa
τηλεκοντρόλ

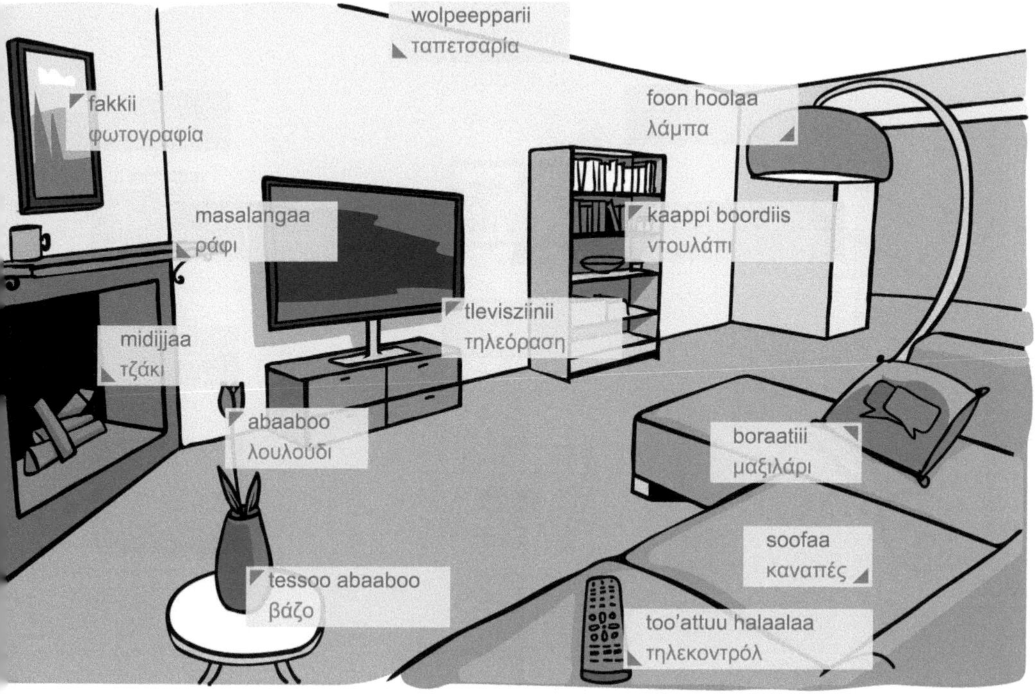

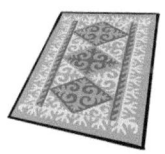

afata
χαλί

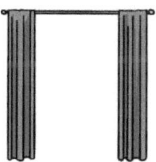

golgaa
κουρτίνα

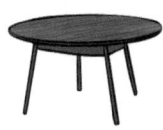

minjaala
τραπέζι

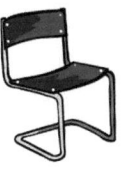

teessoo
καρέκλα

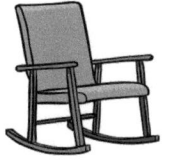

teessoo rarra'aa
κουνιστή πολυθρόνα

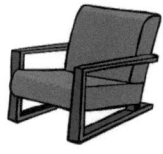

teesoo ciqilffannaa
πολυθρόνα

kitaaba
βιβλίο

uffata qorraa
κουβέρτα

midhagina
διακόσμηση

muka qoraanii
καυσόξυλα

fiilmii
ταινία

meeshaa
στερεοφωνικό σύστημα

furtuu
κλειδί

gaazexaa
εφημερίδα

dibuu
πίνακας ζωγραφικής

barjaa
αφίσα

reedyoonii
ραδιόφωνο

daftara yaadanoo
σημειωματάριο

**meeshaa eeleektirikaa afata
qulqulleessu**
ηλεκτρική σκούπα

laaftoo
κάκτος

dungoo
κερί

mana bilcheessaa

κουζίνα

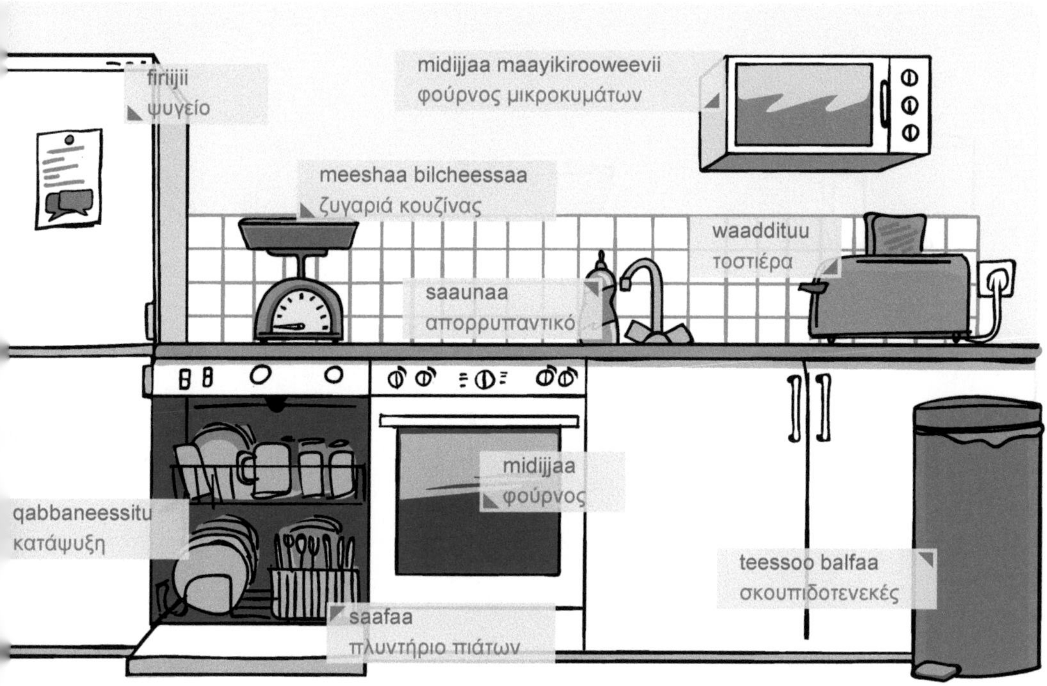

firiijii
ψυγείο
midijjaa maayikirooweevii
φούρνος μικροκυμάτων
meeshaa bilcheessaa
ζυγαριά κουζίνας
waaddituu
τοστιέρα
saaunaa
απορρυπαντικό
midijjaa
φούρνος
qabbaneessitu
κατάψυξη
teessoo balfaa
σκουπιδοτενεκές
saafaa
πλυντήριο πιάτων

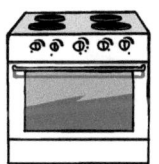

bilcheesssituu

κουζίνα

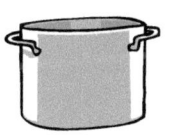

okkotee

κατσαρόλα

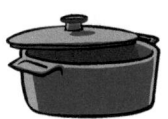

cast-iron pot

μαντεμένια κατσαρόλα

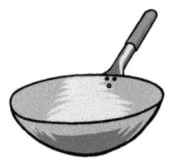

sataatee

γουόκ/καντάι

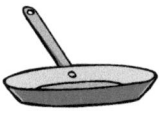

waaddituu

τηγάνι

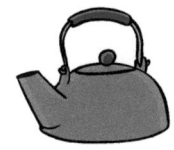

markajii

βραστήρας

jabala humna urkaa

ατμομάγειρας

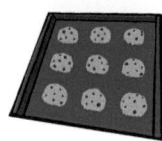

tirii bilcheessaa

ταψί

bantuu qaruuraa

πιατικά

geeba

κούπα

sayinaa

μπολ

dibata hidhii

ξυλάκια

cilfaa

κουτάλα

shuukkaa

σπάτουλα

areeda aduurree

ανακατεύω

dhimbiibduu

σουρωτήρι

gingilchaa

σουρωτηράκι

meeshaa farfartuu

τρίφτης

mooyyee

γουδί

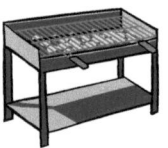

waadii abiddaa

ψησταριά

midijjaa

ανοιχτή φωτιά

maktafiyaa

σανίδα κοπής

martuu

πλάστης

bantuu qaruuraa

ανοιχτήρι φελλών

danda'uu

κονσέρβα

banuu danda'uu

ανοιχτήρι κονσέρβας

teesoo okkotee

γάντι φούρνου

lixuu

νεροχύτης

buruushii

βούρτσα

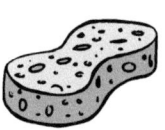

ispoonjii

σφουγγάρι

neeshaa waliin makaa

μπλέντερ

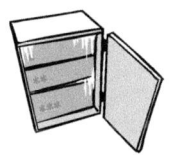

qabbaneessaa guddaa

καταψύκτης

xuuxxoo

μπιμπερό

ujjuummoo

βρύση

kutaa dhiqannaa

μπάνιο

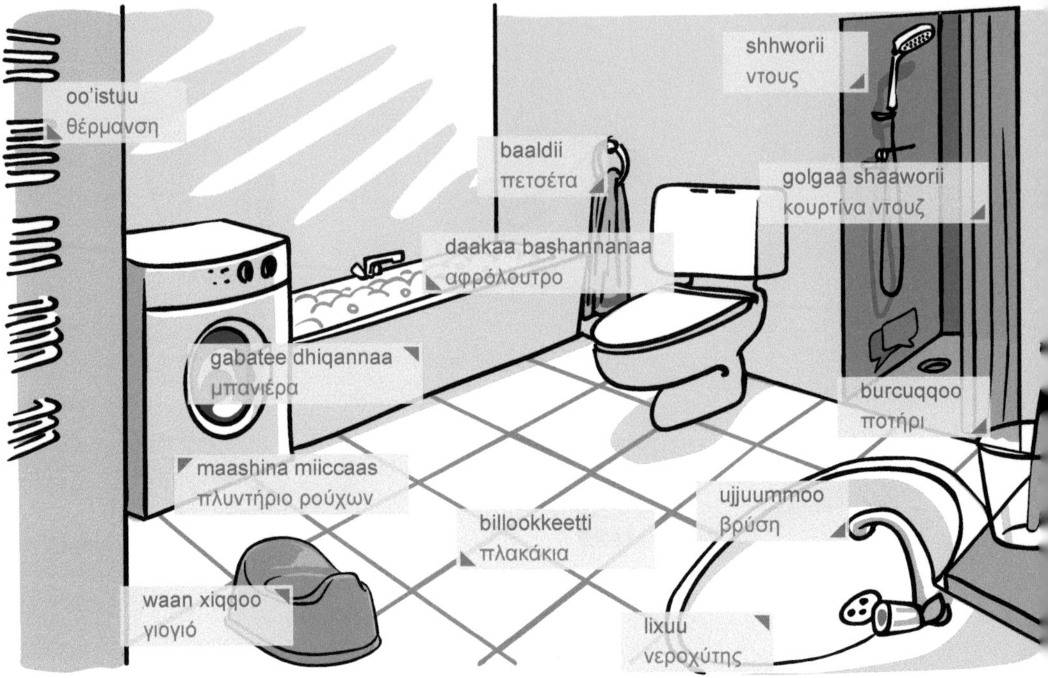

oo'istuu
θέρμανση
baaldii
πετσέτα
shhworii
ντους
golgaa shaaworii
κουρτίνα ντουζ
daakaa bashannanaa
αφρόλουτρο
gabatee dhiqannaa
μπανιέρα
burcuqqoo
ποτήρι
maashina miiccaas
πλυντήριο ρούχων
ujjuummoo
βρύση
billookkeetti
πλακάκια
waan xiqqoo
γιογιό
lixuu
νεροχύτης

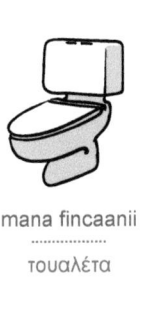

mana fincaanii

τουαλέτα

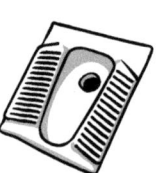

mana fincaanii taa'e

τούρκικη τουαλέτα

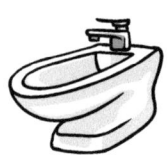

saafaa

μπιντές

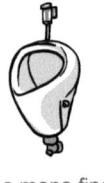

sahiinaa mana fincaanii

ουρητήριο

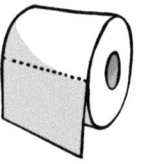

sooftii

χαρτί υγείας

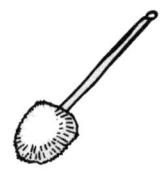

burusha mana fincaanii

πιγκάλ

buruushii ilkaanii

οδοντόβουρτσα

saamunaa ilkaanii

οδοντόκρεμα

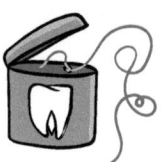

soqxuu ilkaanii

οδοντικό νήμα

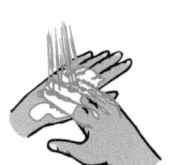

dhiquu

πλένω

qaama dhiqannaa aadaa

τηλέφωνο ντους

kan dach

ντουσιέρα

sulula

λεκάνη

mana dhiqataa

βούρτσα πλάτης

saamunaa

σαπούνι

ata dhiqannaa boodaa

αφρόλουτρο

shaampuu

σαμπουάν

jejuu

φανέλα

gogsuu

σιφόνι

kireemii

κρέμα

dodoraantii

αποσμητικό

daawitii

καθρέφτης

daawitii hrkaa

καθρέφτης χειρός

milaacii

ξυραφάκι

dibata areedaas

αφρός ξυρίσματος

diibata areedaa

αφτερσέιβ

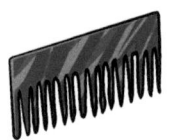

filaa

χτένα

burusha

βούρτσα

qoorsituu rifeensaa

σεσουάρ

hafuuftuu rifeensaa

λακ

meekaappii

μακιγιάζ

lippistiikii

κραγιόν

qeessa muculiksituu

βερνίκι νυχιών

jirbii

βαμβάκι

murtuu qeessa

ψαλίδι νυχιών

shittoo

άρωμα

korojoo dhiqannaa

νεσεσέρ

gatteechuma

σκαμπό

iskeelii ulfaatinaa

ζυγαριά

uffata dhiqannaa

μπουρνούζι

guwaantii pilaastikaa

ελαστικά γάντια

moodesii

ταμπόν

fooxaa qulquulinaa

πετσέτα υγιεινής

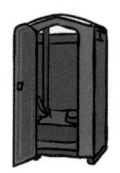

keemikaala mana fincaanii

χημική τουαλέτα

kutaa ijoollee
παιδικό δωμάτιο

sa'aatii alaarmii
ξυπνητήρι
Eebbiyyoo Hammatamu
λούτρινο ζωάκι
konkolaatt ijollee
αυτοκινητάκι
hasaasuu
κουδουνίστρα
mana eebbiyyo
κουκλόσπιτο
jira
δώρο

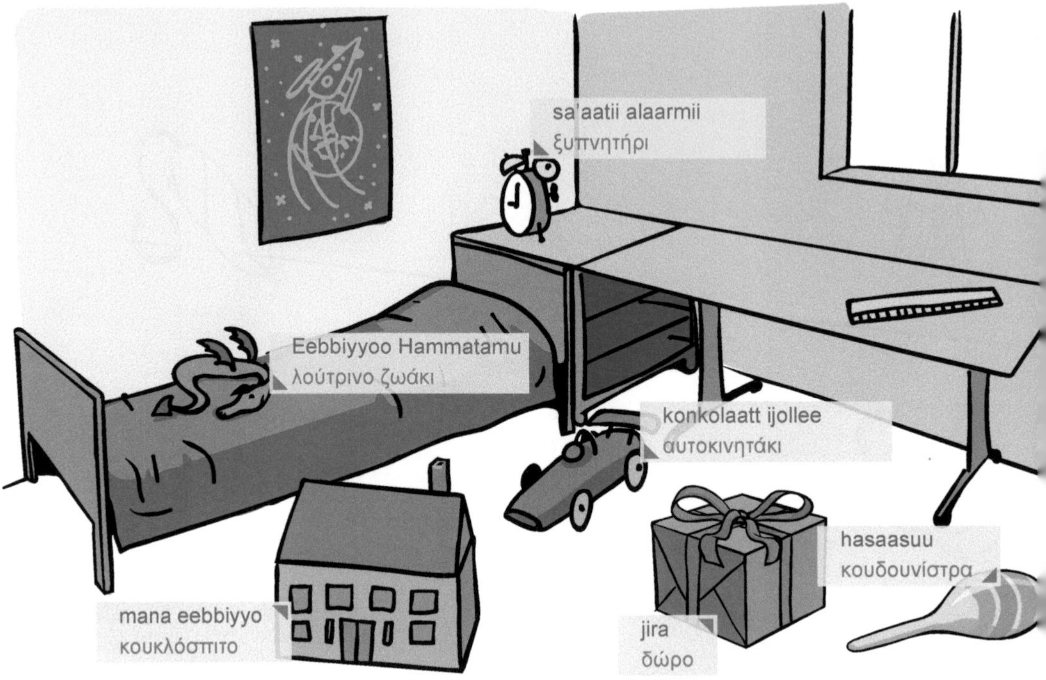

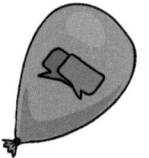

baaloonii

μπαλόνι

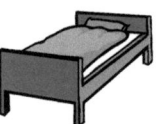

siree

κρεβάτι

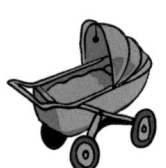

gaarii daa'imaa

καροτσάκι

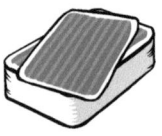

Minjaala Kaardii

τράπουλα

akaafaa

παζλ

SUPER MEGA

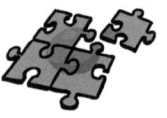

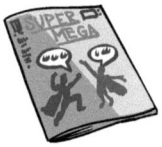

kofalchiisaa

κόμικς

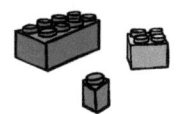

lego bricks

τουβλάκια lego

dlookii ijaarsaa

τουβλάκια κατασκευών

lakkofsa gochaa

φιγούρα δράσης

guddina daa'imaa

βρεφικό φορμάκι

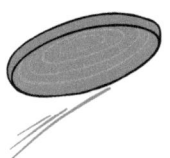

saahinaa taphaa

φρίσμπι

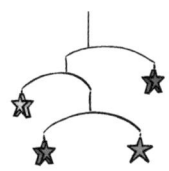

mobaayilii

μόμπιλο

gabatee taphaa

επιτραπέζιο παιχνίδι

kuubii lakk. 1-6 qabu

ζάρια

teessuma leenji'aa modeelaa

σετ τρενάκι

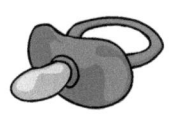

fakkii

πιπίλα

afeerrii

πάρτι

kitaaba fakii

εικονογραφημένο βιβλίο

kubbaa

μπάλα

eebiyyoo

κούκλα

tapha

παίζω

boolla cirrachaa

σκάμμα με άμμο

hodhuu

κούνια

eebbiyyoo

παιχνίδια

konsoli tapha viidyoo

κονσόλα βιντεοπαιχνιδιών

marsaa sadii

τρίκυκλο

eebiyyo hammatamtu

αρκουδάκι

sanduqaa dhaabbii

ντουλάπα

cuufinsa

ρούχα

kaalsii

κάλτσες

istookingii

καλτσοδέτες

taayitii

καλσόν

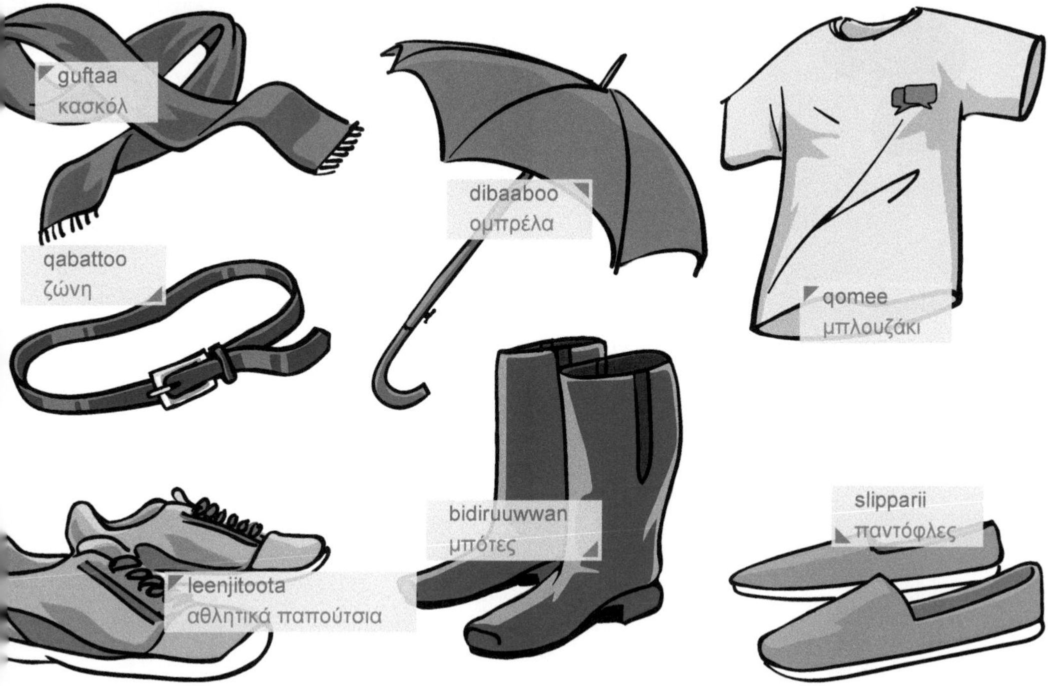

guftaa
κασκόλ

dibaaboo
ομπρέλα

qomee
μπλουζάκι

qabattoo
ζώνη

leenjitoota
αθλητικά παπούτσια

bidiruuwwan
μπότες

slipparii
παντόφλες

kophee banaa

σανδάλια

kophee

παπούτσια

bidiruu pilaastikaa

γαλότσες

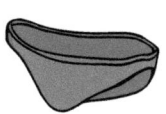

butaantaa

εσώρουχο

harmaa

σουτιέν

sadariyyaa

φανέλα

qaama
σώμα

kofoo dheeraa
παντελόνι

jiinsii
τζιν παντελόνι

dalgee
φούστα

shamiza
μπλούζα

shurraaba
πουκάμισο

shurraaba
πουλόβερ

haaguuggii jaakkeettii
πουλόβερ

yuunifoormii
σακάκι

jaakkeettii
μπουφάν

kootii
παλτό

kafana roobaa
αδιάβροχο πανωφόρι

barsuma
κοστούμι

wandaboo
φόρεμα

kafana gaa'ilaa
νυφικό

kafana guutuu
κοστούμι

uffata halkanii
νυχτικό

bijaamaa
πιτζάμες

wandaboo hindii
σάρι

guftaa
μαντήλι

marata
τουρμπάνι

burqaa
μπούρκα

jalabiyyaa
καφτάνι

abaya
μουσουλμανικό ένδυμα

kafana daakkaa
ολόσωμο μαγιό

mudhii
ανδρικό μαγιό

kofoo gabaabaa
σορτς

kafanafgichaa
αθλητική φόρμα

appiroonii
ποδιά

guwwaantii
γάντια

furtuu

κουμπί

burcuqqoowwan

γυαλιά

gumee

βραχιόλι

amartii

περιδέραιο

qubeelaa

δαχτυλίδι

glii

σκουλαρίκι

geeba

καπέλο

fanoo kootii

κρεμάστρα

qoobii

καπέλο

karbaata

γραβάτα

ziippii

φερμουάρ

heelmeetii

κράνος

collee

τιράντες

uffata mana baruumsaa

μαθητική στολή

yuunifoormii

στολή

kafana gorooraa

σαλιάρα

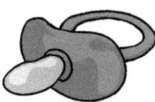

fakkii

πιπίλα

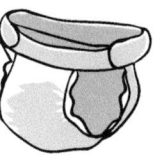

naappii

πάνα

waajjira
γραφείο

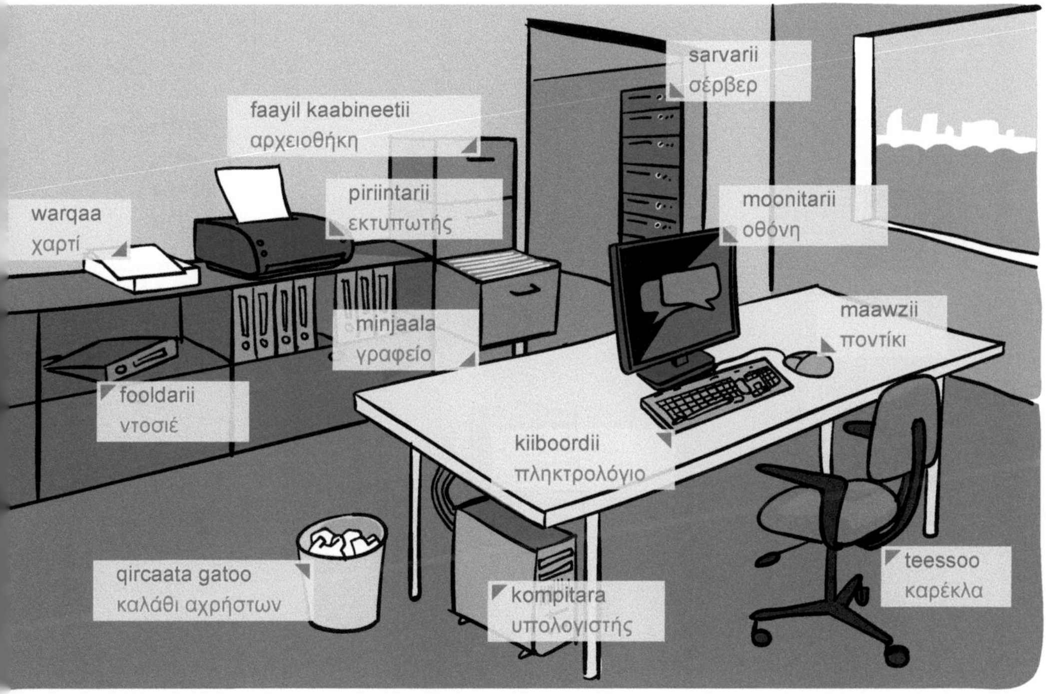

sarvarii
σέρβερ

faayil kaabineetii
αρχειοθήκη

piriintarii
εκτυπωτής

moonitarii
οθόνη

warqaa
χαρτί

minjaala
γραφείο

maawzii
ποντίκι

fooldarii
ντοσιέ

kiiboordii
πληκτρολόγιο

qircaata gatoo
καλάθι αχρήστων

kompitara
υπολογιστής

teessoo
καρέκλα

siinii bunaa

κούπα του καφέ

herregduu

κομπιουτεράκι

intarneetii

ίντερνετ

lab tooppii

λάπτοπ

xalaya

γράμμα

ergaa

μήνυμα

mobbyilii

κινητό

neetwoorkii

δίκτυο

maashina footokoppii

φωτοτυπικό μηχάνημα

sooft weerii

λογισμικό

bilbila

τηλέφωνο

sookkeetii suuqii

πρίζα

maashina faaksiis

συσκευή φαξ

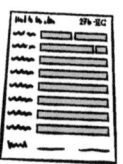

uunkaa

έντυπο

dookimantii

έγγραφο

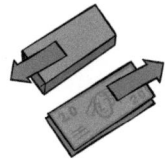

bituu

αγοράζω

kafaluu

πληρώνω

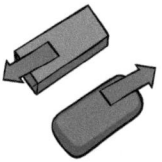

daldaluu

συναλλάσσομαι

qarshii

χρήματα

 **USD**

doolaara

δολάριο

 **EUR**

yuroou

ευρώ

 **JPY**

yen

γιεν

 **RUB**

ruubilii

ρούβλι

 **CHF**

Farankaa swwiz

ελβετικό φράγκο

 **CNY**

yuwaanii reenmiinbii

ρενμίνμπι γιουάν

 **INR**

ruuppee

ρουπία

kaash pooyintii

ATM (αυτόματη ταμειακή μηχανή)

biiroo de cheenjee

ανταλλακτήρια
συναλλάγματος

warqee

χρυσός

meeta

ασήμι

zayita

πετρέλαιο

human

ενέργεια

gatii

τιμή

koontiraata

συμβόλαιο

taaksii

φόρος

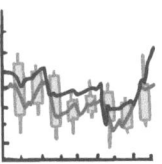

shaqaxa

μετοχή

hojjechuu

δουλεύω

qacaramaa

υπάλληλος

qacaraa

εργοδότης

faabrikaas

εργοστάσιο

dukkaana

κατάστημα

hojii

επαγγέλματα

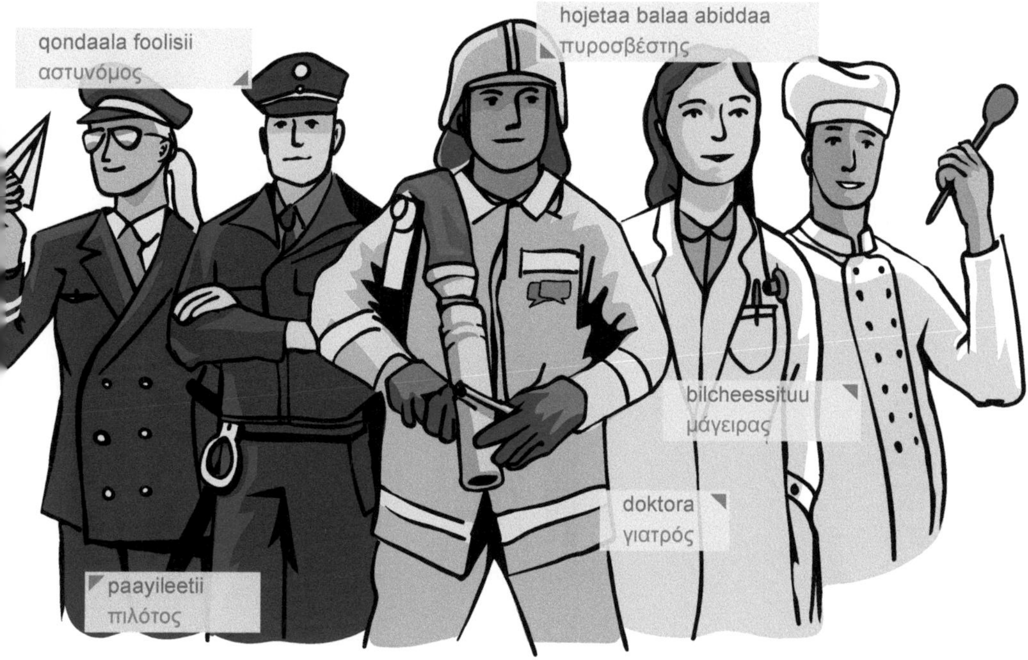
hojetaa balaa abiddaa
πυροσβέστης
qondaala foolisii
αστυνόμος
bilcheessituu
μάγειρας
doktora
γιατρός
paayileetii
πιλότος

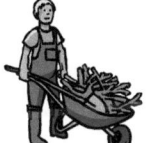

waardiyyaa

κηπουρός

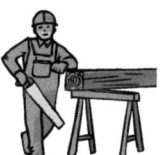

ogeessa mukaa

ξυλουργός

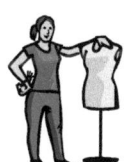

ooftuu jabalaa

μοδίστρα

abbaa seeraa

δικαστής

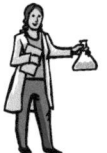

keemistii

χημικός

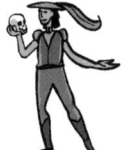

ta'aa

ηθοποιός

konkolaachisaa

οδηγός λεωφορείου

konkolaachisaataaksii

ταξιτζής

qurxumii kiyyeessaa

ψαράς

qulqulleessituu

καθαρίστρια

hojetaa baaxii

τεχνίτης στεγών

keessummeessaa

σερβιτόρος

adamisituus

κυνηγός

halluu dibduu

ζωγράφος

tolchituu

αρτοποιός

elektrishaana

ηλεκτρολόγος

ijaaraa

οικοδόμος

injinara

μηχανολόγος

mana foonii

κρεοπώλης

hjjetaa ujummoo

υδραυλικός

poostaa geessituu

ταχυδρόμος

raayyaa

στρατιώτης

arkteektii

αρχιτέκτονας

qarshi qabduu

ταμίας

abaaboo gurgurtuu

ανθοπώλης

dabbasaa murtuu

κομμωτής

kondaaktara

ελεγκτής εισιτηρίων

makaanika

μηχανικός

kaappiteenii

καπετάνιος

hakiima ilkee

οδοντίατρος

saayntiistii

επιστήμονας

rabbi

ραβίνος

imaama

ιμάμης

moloskee

μοναχός

luba

ιερέας

meeshaalee
εργαλεία

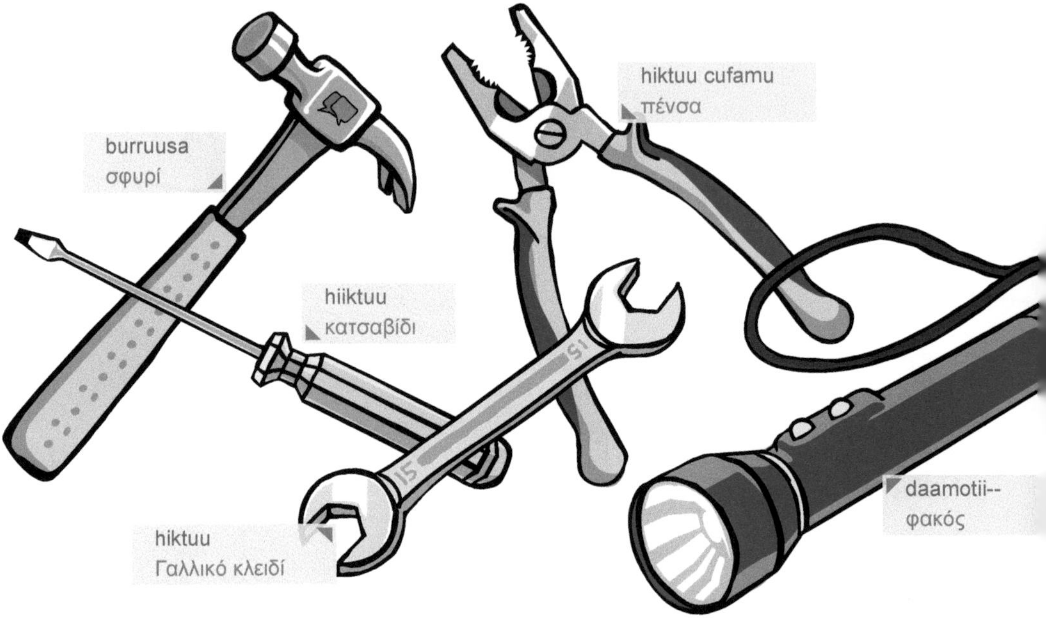
hiktuu cufamu
πένσα
burruusa
σφυρί
hiiktuu
κατσαβίδι
daamotii--
φακός
hiktuu
Γαλλικό κλειδί

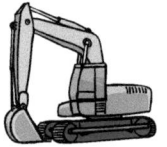

gasoo
....
εκσκαφέας

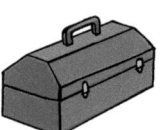

saanduqa meeshhalee
....
εργαλειοθήκη

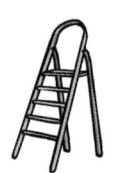

kortoo
....
σκάλα

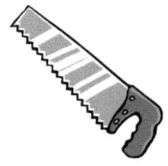

magaazii
....
πριόνι

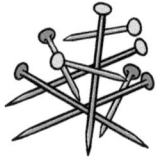

bismaara
....
καρφιά

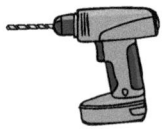

diriilii
....
τρυπάνι

suphuu

επισκευάζω

akaafaa

φτυάρι

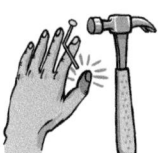

dhaabi

Να πάρει!

gataa balfaa

φαράσι

qodaa haalluu

δοχείο χρωμάτων

hiktuu

βίδες

meeshaalee muuziqaa
μουσικά όργανα

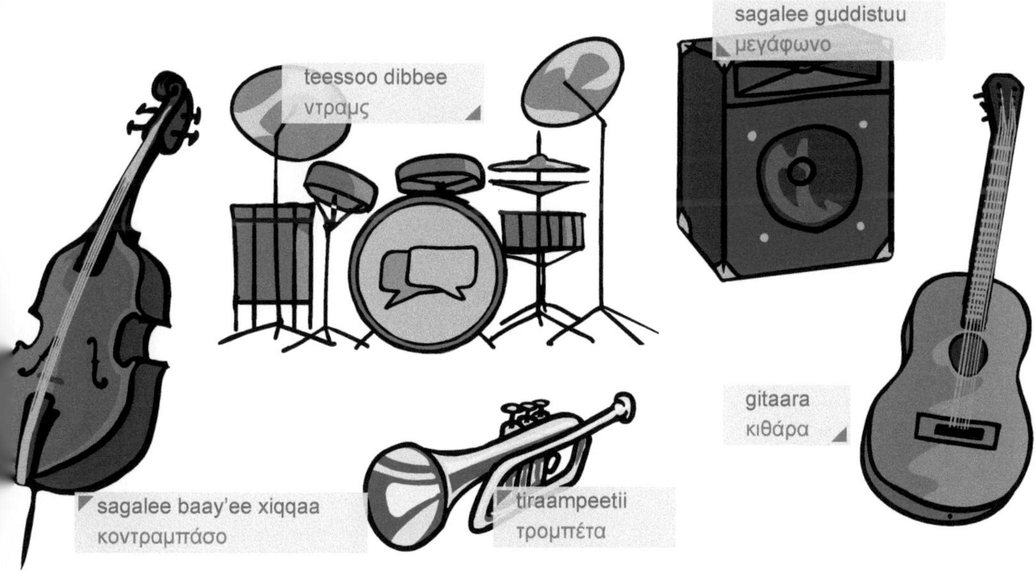

teessoo dibbee
ντραμς

sagalee guddistuu
μεγάφωνο

gitaara
κιθάρα

sagalee baay'ee xiqqaa
κοντραμπάσο

tiraampeetii
τρομπέτα

piyaanoo

πιάνο

vaayoolinii

βιολί

sagalee xiqqaa

μπάσο

timpaanii

τύμπανα

dibbee

τύμπανο

kiiboordii

πλήκτρα

saaksi foona

σαξόφωνο

ulullee

φλάουτο

may craafoona

μικρόφωνο

dallaa beeladaa
ζωολογικός κήπος

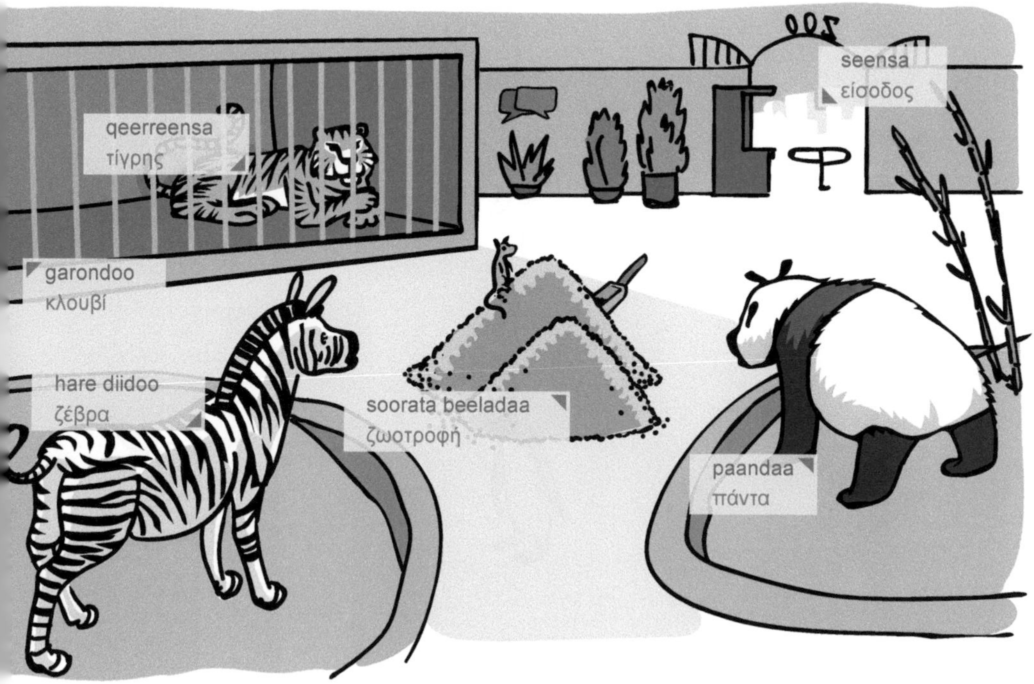

seensa
είσοδος
qeerreensa
τίγρης
garondoo
κλουβί
hare diidoo
ζέβρα
soorata beeladaa
ζωοτροφή
paandaa
πάντα

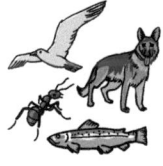

beeladoota

ζώα

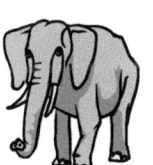

arba

ελέφαντας

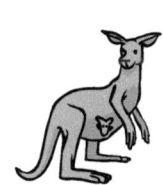

kaangaaroo

καγκουρό

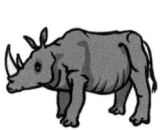

warseesa

ρινόκερος

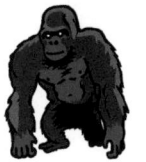

jaldeessa guddaa

γορίλας

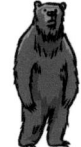

godaa

αρκούδα

gala
καμήλα

guchii
στρουθοκάμηλος

leenca
λιοντάρι

jaldeessa
πίθηκος

fiilaamingoo
φλαμίνγκο

simbira dubbattu
παπαγάλος

diibii poolarii
πολική αρκούδα

peengyuunii
πιγκουίνος

shaarkii
καρχαρίας

piikookii
παγώνι

bofa
φίδι

qocaa
κροκόδειλος

eegaa zoo
φύλακας ζωολογικού κήπου

chaappaa
φώκια

sanyii qeerensaa
τζάγκουαρ

farda gabaabduu

πόνυ

sanyii qeerrensaa

λεοπάρδαλη

roobii

ιπποπόταμος

sattaawwaa

καμηλοπάρδαλη

culullee

αετός

ifaannaa

αγριογούρουνο

qurxummii

ψάρι

qocaa galaanaa

χελώνα

beelada bishaan keessaa

θαλάσσιος ίππος

sardiida

αλεπού

godaa

γαζέλα

kubbaa miilaa ameerikaa
Αμερικάνικο ποδόσφαιρο

dargmmii bishkilileettaa
ποδηλασία

teenisa
αντισφαίριση

kubba kaachoo
μπάσκετ

bishaan daakkaa
κολύμβηση

aboottoo
πυγχαμία

sigigoo cabbie
χόκεϊ επί πάγου

kubbaa miilaa
ποδόσφαιρο

baadmentanii
μπάντμιντον

atileetii
στίβος

kubba harkaa
χάντμπολ

skiing
σκι

pooloo
πόλο

sochii
δραστηριότητες

utaalcha
πηδάω
hammachuu
αγκαλιάζω
kolfa
γελάω
deemuu
περπατάω
sirbuu
τραγουδάω
abjuu
ονειρεύομαι
kadhannaa
προσεύχομαι
dhungoo
φιλάω

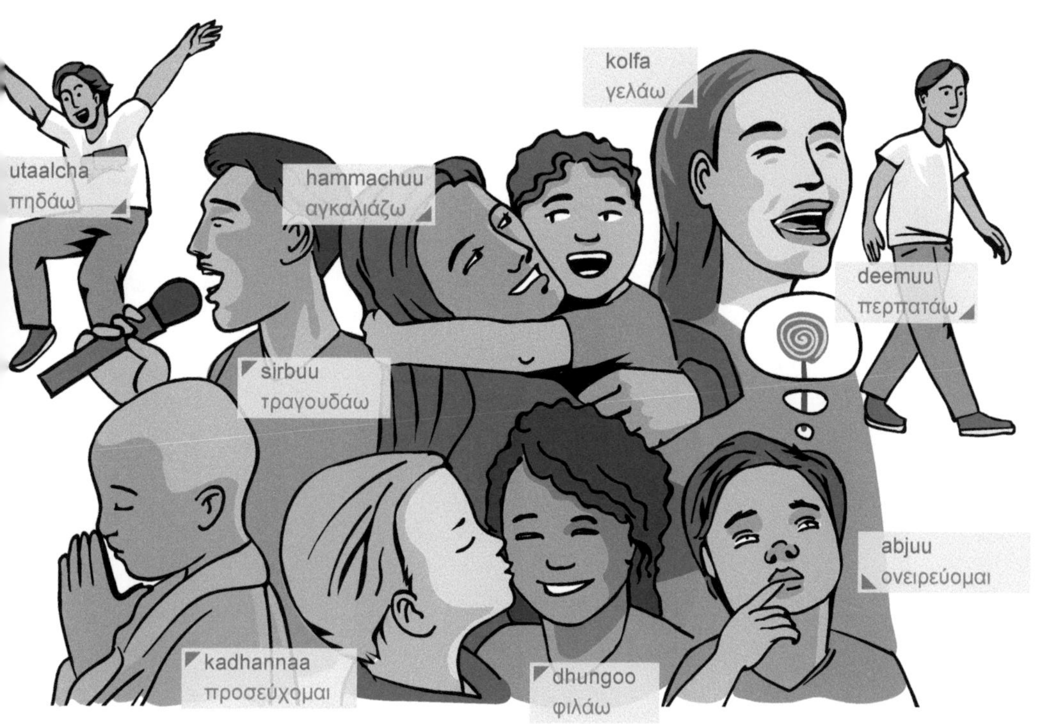

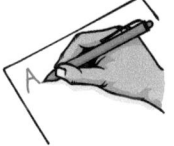

barreessuu

γράφω

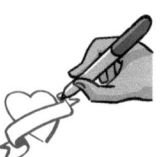

fakkii kaasuu

σχεδιάζω

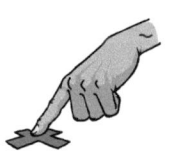

agrsiisuu

δείχνω

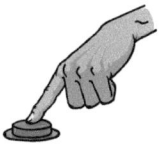

dhiibuu

πιέζω

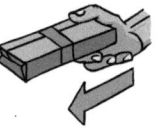

kennuu

δίνω

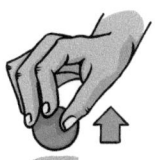

fudhachuu

παίρνω

qabaachuu
έχω

gochuu
κάνω

ta'uu
είμαι

dhaabbachuu
στέκομαι

kaachuu
τρέχω

harkisuu
τραβάω

darbachuu
ρίχνω

kufuu
πέφτω

soba
ξαπλώνω

eeguu
περιμένω

baachuus
κουβαλώ

taa'uu
κάθομαι

uffachuu
φοράω

rafuu
κοιμάμαι

dammaquu
ξυπνάω

ilaaluu

κοιτάω

iyyuu

κλαίω

dhiibbaa dhiigaa

χαϊδεύω

filuu

χτενίζω

haasa'uu

μιλάω

hubachuu

καταλαβαίνω

gaafachuu

ρωτάω

dhggeeffachuu

ακούω

dhuguu

πίνω

nyaachuu

τρώω

ol kaasuu

συγυρίζω

jaalala

αγαπάω

bilcheessuus

μαγειρεύω

oofuu

οδηγώ

barrisuu

πετάω

jabalan

κάνω ιστιοπλοΐα

heerregii

υπολογίζω

dubbisuu

διαβάζω

baruumsa

μαθαίνω

hojjechuu

δουλεύω

fuudha

παντρεύομαι

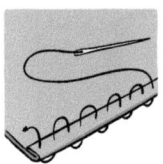

hodhuu

ράβω

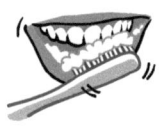

ilkaan rigachuu

βουρτσίζω τα δόντια

ajjeecha

σκοτώνω

xuuxuu

καπνίζω

erguu

στέλνω

warra

οικογένεια

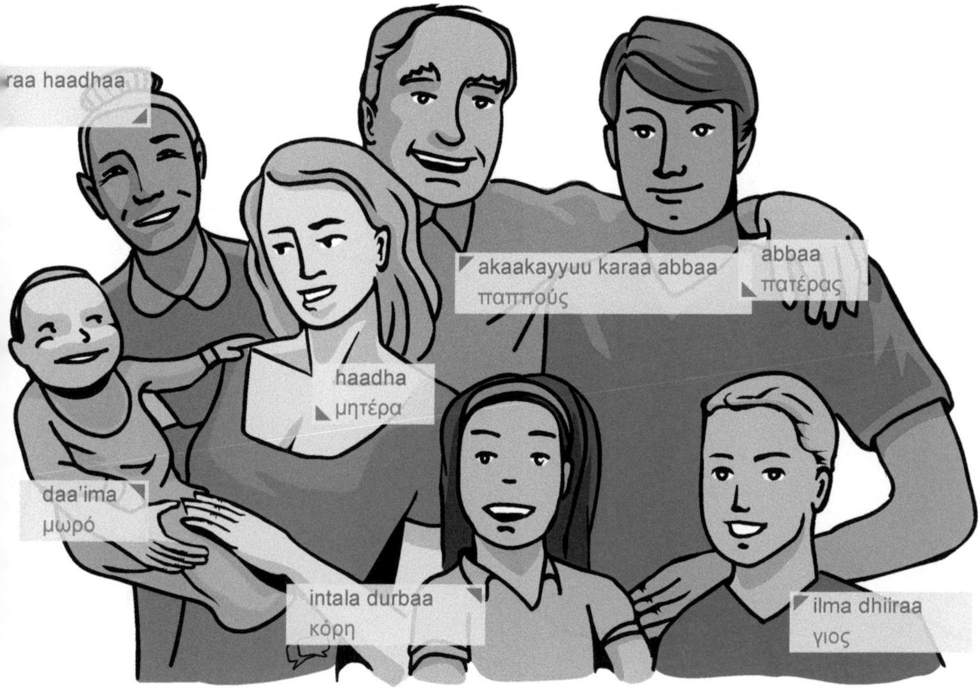
raa haadhaa
akaakayyuu karaa abbaa
παππούς
abbaa
πατέρας
haadha
μητέρα
daa'ima
μωρό
intala durbaa
κόρη
ilma dhiiraa
γιος

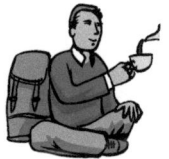

keessummaas

καλεσμένος

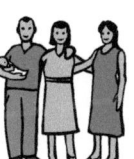

adaadaa

θεία

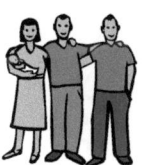

eessuma

θείος

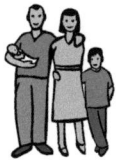

obboleessa

αδελφός

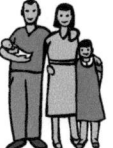

obboleettii

αδελφή

qaama

σώμα

adda
μέτωπο
ija
μάτι
ceekuu
ώμος
quba
δάχτυλο
fuula
πρόσωπο
igicii
πηγούνι
harka
χέρι
luka
πόδι
harma
στήθος
irree
βραχίονας

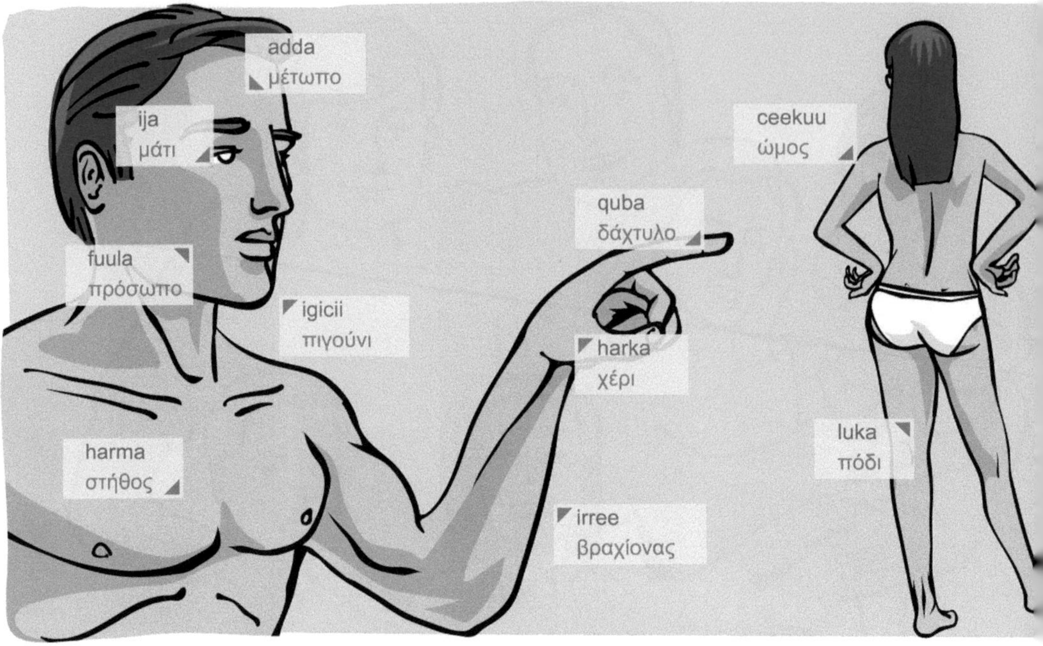

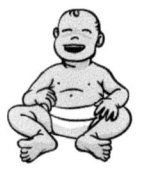

daa'ima

μωρό

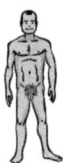

nama

άνδρας

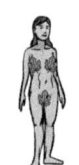

dubartii

γυναίκα

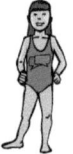

durba

κορίτσι

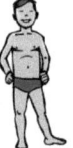

mucaa

αγόρι

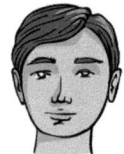

mataa

κεφάλι

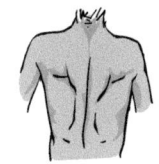

duuba

πλάτη

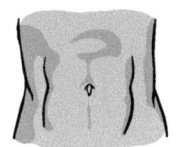

godhami

κοιλιά

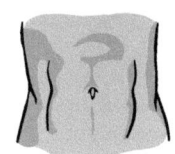

belly button

αφαλός

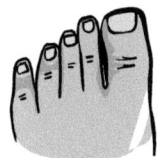

qubq miilaa

δάχτυλο ποδιού

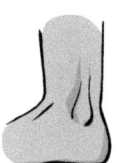

koomee

φτέρνα

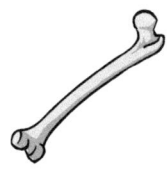

lafee

κόκκαλο

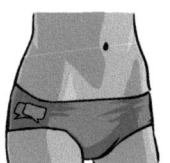

dirra

γοφός

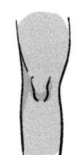

jilba

γόνατο

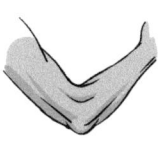

ciqilee

αγκώνας

fuunyaan

μύτη

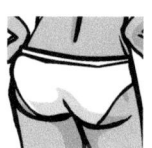

jala

γλουτός

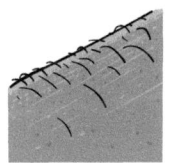

gogaa

δέρμα

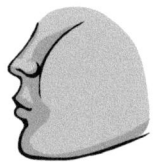

boqoo

μάγουλο

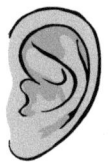

gurra

αυτί

hidhii

χείλος

afaan

στόμα

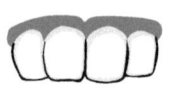

ilkee

δόντι

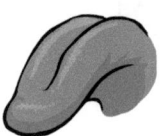

arraba

γλώσσα

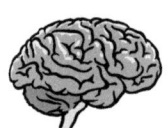

sammuu

εγκέφαλος

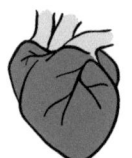

onnee

καρδιά

fon irree

μυς

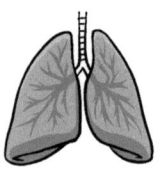

somba

πνεύμονας

tiruu

συκώτι

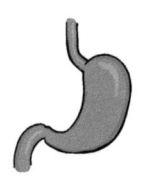

garaacha

στομάχι

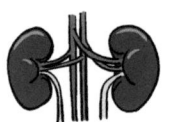

kaleewwan

νεφρά

wal qunnamitii saalaa

σεξουαλική επαφή

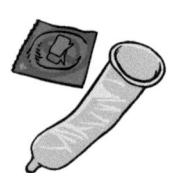

kondomii

προφυλακτικό

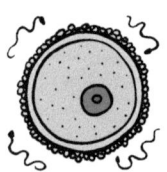

buphaa dubartii

ωάριο

mi'oo

σπέρμα

ulfa

εγκυμοσύνη

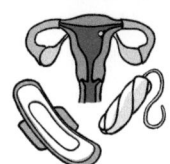

laguu ji'aa

περίοδος

buqushaa

γυναικείος κόλπος

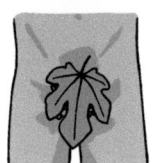

tuffee

πέος

laboobbaa ijaa

φρύδι

rifeensa

μαλλιά

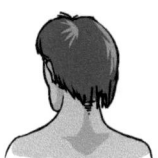

morma

λαιμός

hospitaala
νοσοκομείο

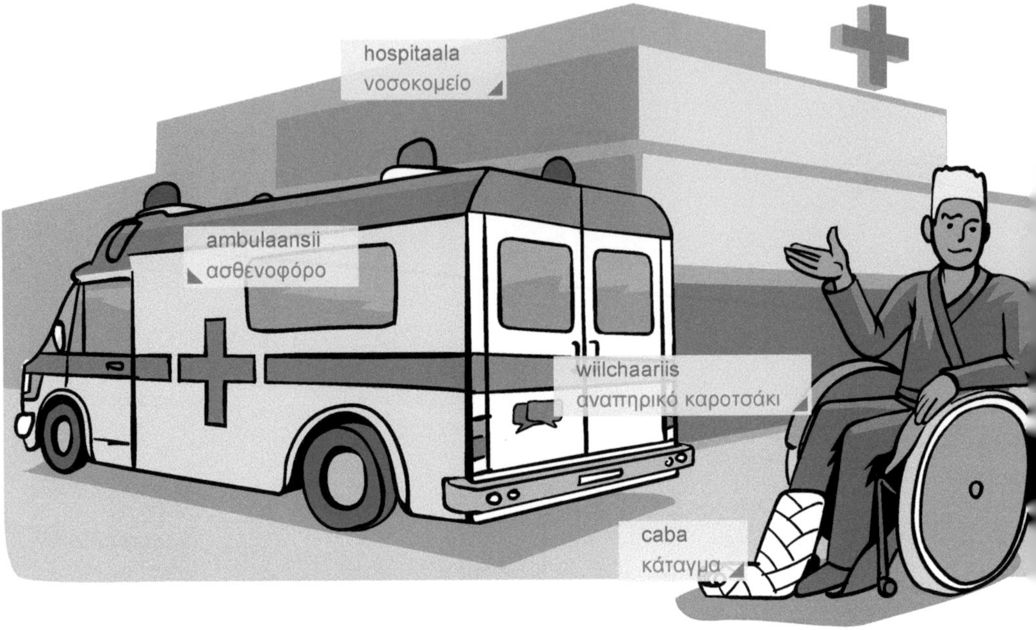

hospitaala
νοσοκομείο
ambulaansii
ασθενοφόρο
wiilchaariis
αναπηρικό καροτσάκι
caba
κάταγμα

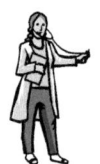

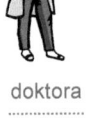

doktora

γιατρός

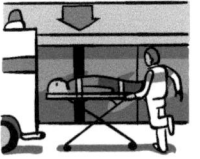

kutaa hatattamaa

μονάδα εντατικής θεραπείας

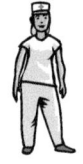

narsii

νοσοκόμα

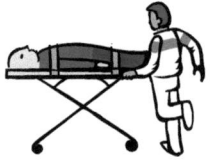

hatattama

έκτακτη ανάγκη

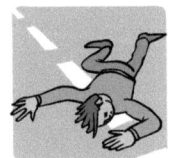

kan hin dammaqin

λιπόθυμος

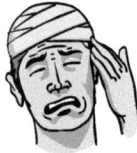

dhukkubbii

πόνος

miidhhaa

τραύμα

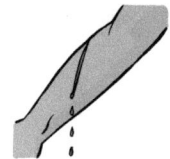

dhiiguu

αιμορραγία

dhukkuba onnee

έμφραγμα

baay'ina dhiigaa

εγκεφαλικό

hooqxoo

αλλεργία

qufaa

βήχας

oo'aa qaamaa

πυρετός

qufaa

γρίπη

baasaa

διάρροια

bowoo mataa

πονοκέφαλος

kaansarii

καρκίνος

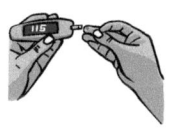

dhibee sukkaaraa

διαβήτης

baqaqsanii hodhuu

χειρουργός

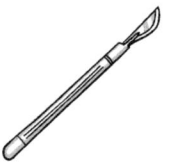

halbee

νυστέρι

hojii

εγχείρηση

CT

αξονική τομογραφία

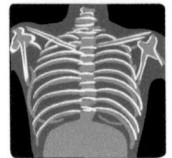

raajii

ακτινογραφία

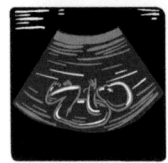

aaltraasaawandii

υπέρηχος

haguuggii fuuiaa

μάσκα

dhukkuba

ασθένεια

kutaa haar galfii

αίθουσα αναμονής

hirkannaa

πατερίτσα

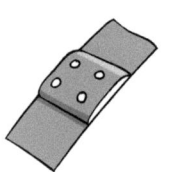

pilaastara

χάνσαπλαστ

baandeejii

επίδεσμος

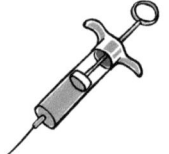

limmoo waraanuu

ένεση

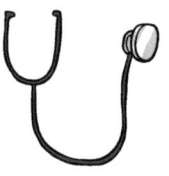

isteetskooppi

στηθοσκόπιο

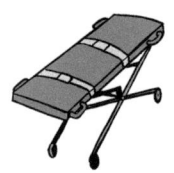

siree dhukkubsataa

φορείο

termoo meetira klinikaa

θερμόμετρο

dhaloota

γέννηση

ulfaatinaa ol

υπέρβαρο

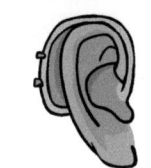

gargaaraa dhageettii

ακουστικό βαρηκοΐας

qoricha aramaa

αντισηπτικό

miidhama keessaa

λοίμωξη

vaayirasa

ιός

ECH AAIVII / EEDSII

HIV/AIDS

qoricha

φάρμακο

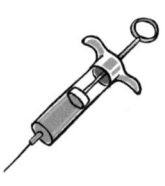

talaallii

εμβολιασμός

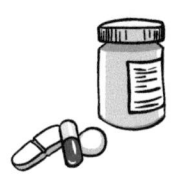

kiniinii

δισκία

kiniinii

χάπι

aamicha hatattamaa

ήση έκτακτης ανάγκης

too'attuu dhiibbaa dhiigaa

πιεσόμετρο αίματος

dhukkuba / fayyaa

άρρωστος / υγιής

gargaarsa!

Βοήθεια!

alaarmiis

συναγερμός

weerara

βιαιοπραγία

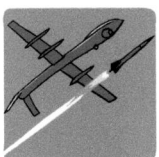

miidhuu

επίθεση

suukaneessaa

κίνδυνος

baha hatattamaa

έξοδος κινδύνου

abidda

Φωτιά!

abidda dhaamisituu

πυροσβεστήρας

balaa

ατύχημα

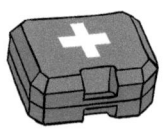

saanduqa gargaasa
calqabaa

κουτί πρώτων βοηθειών

Sii'oosii

SOS

foolisii

αστυνομία

awuŕooppaa

Ευρώπη

ameerikaa kabaa

Βόρεια Αμερική

ameerikaa kibbaa

Νότια Αμερική

afrikaa

Αφρική

eesiyaa

Ασία

awustraaliyaa

Αυστραλία

atilaantik

Ατλαντικός Ωκεανός

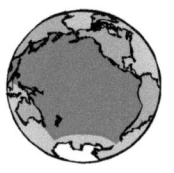

paasfiik

Ειρηνικός Ωκεανός

galaana hindii

Ινδικός Ωκεανός

galaana antaartikaa

Ανταρκτικός Ωκεανός

galaana arkitiik

Αρκτικός Ωκεανός

polii kaabaa

Βόρειος Πόλος

polii kibbaa

Νότιος Πόλος

antaartikaa

Ανταρκτική

dachee

Γη

dachee

γη

garba

θάλασσα

odola

νησί

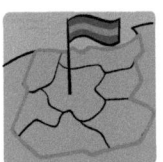

lammii

έθνος

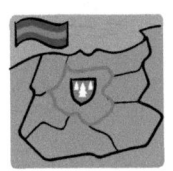

kutt biyyaa

πολιτεία

clock face

καντράν ρολογιού

sa'aatii kana

ωροδείκτης

daqiiqaa kana

λεπτοδείκτης

moofaa

είκτης δευτερολέπτων

yeroon meeqa ta'ee?

Τι ώρα είναι;

guyyaa

ημέρα

yeroo

χρόνος

amma

τώρα

sa'aatii diiskoo

ψηφιακό ρολόι

daqiiqaa

λεπτό

sa'aatii

ώρα

torbee

εβδομάδα

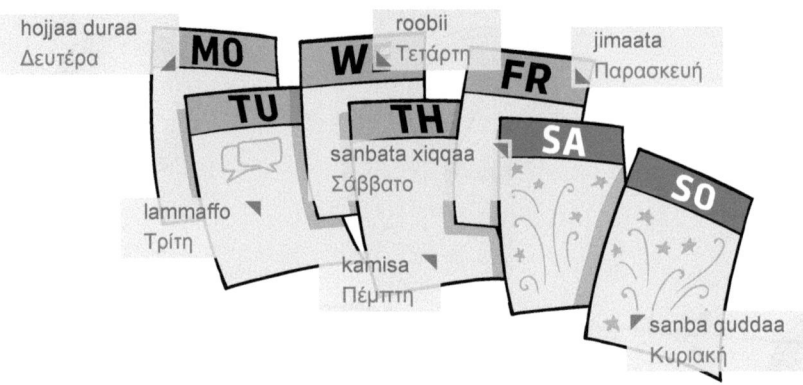

hojjaa duraa
Δευτέρα

roobii
Τετάρτη

jimaata
Παρασκευή

sanbata xiqqaa
Σάββατο

lammaffo
Τρίτη

kamisa
Πέμπτη

sanba quddaa
Κυριακή

kaleessa

χθες

har'a

σήμερα

boru

αύριο

ganama

πρωί

guyyaa qixxee

μεσημέρι

galgala

βράδυ

guyyaa hojii

εργάσιμες ημέρες

dhuma forbee

Σαββατοκύριακο

waggaa

έτος

rooba
βροχή
sabbata waaqqaa
ουράνιο τόξο
cabbii
χιόνι
bubbee
άνεμος
birraa
άνοιξη
arfaasaa
φθινόπωρο
bona
καλοκαίρι
ganna
χειμώνας

4.APRIL 11°
5.APRIL 4°
6.APRIL 13°
7.APRIL 8°
8.APRIL 10°

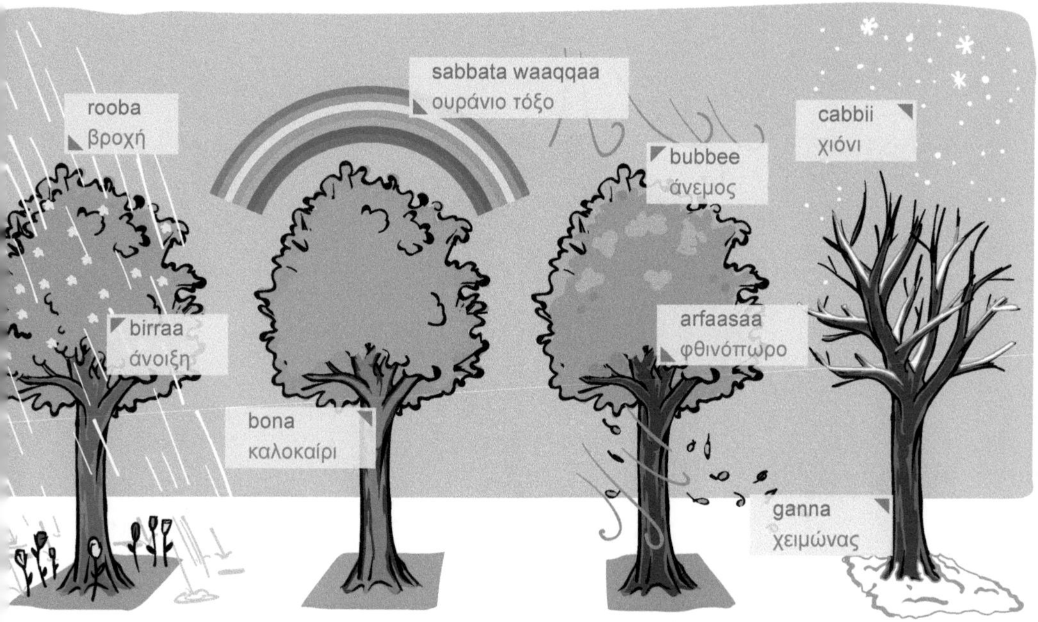

aaga haala qileensaa

πρόγνωση καιρού

F C
120 40
90 30
60 20
30 10
0 0
-30 -10
-20

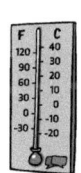

teermoomeetirii

θερμόμετρο

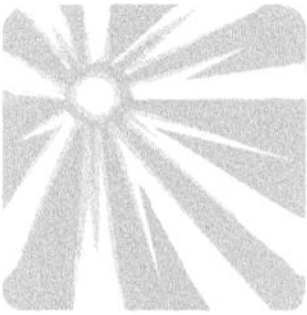

baha aduu

λιακάδα

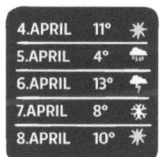

duumessa

σύννεφο

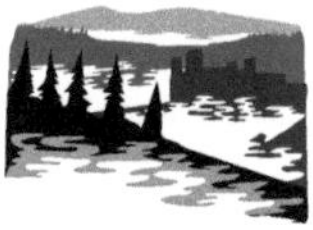

hurii

ομίχλη

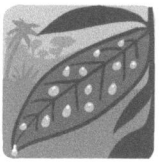

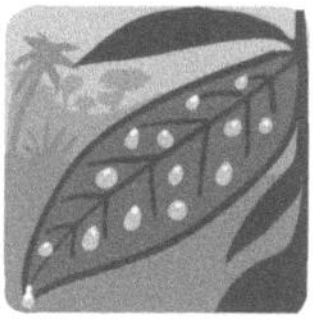

jiidha

υγρασία

bakakkaa

αστραπή

balaqqee

κεραυνός

dirrisa

καταιγίδα

cabbii

χαλάζι

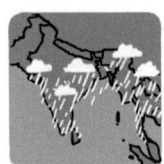

monsoon

μουσώνας

lolaa

πλημμύρα

cabbie

πάγος

Amajjii

Ιανουάριος

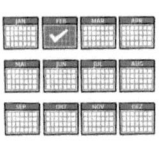

Gurraandhala

Φεβρουάριος

Bitootessa

Μάρτιος

Eebila

Απρίλιος

Caamsaa

Μάιος

Waxabajji

Ιούνιος

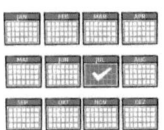

Adooleessa

Ιούλιος

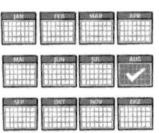

Hagayya

Αύγουστος

Fulbaana
Σεπτέμβριος

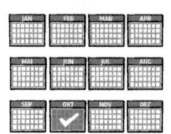

Onkololeessa
Οκτώβριος

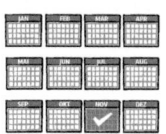

Sadaasa
Νοέμβριος

Muddee
Δεκέμβριος

boca
σχήματα

geengoo
κύκλος

isqeerii
τετράγωνο

rog arfee
ορθογώνιο
παραλληλόγραμμο

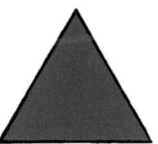

rg sadee
τρίγωνο

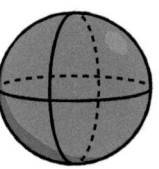

molaalee
σφαίρα

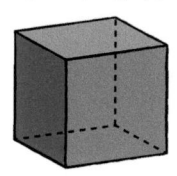

kuubii
κύβος

adii

άσπρο

boora

κίτρινο

keelloo

πορτοκαλί

boorilee

ροζ

diimaa

κόκκινο

bunnii

μωβ

cuqliisa

μπλε

magariisa

πράσινο

magaala

καφέ

bulee

γκρι

gurraacha

μαύρο

baay'ee / xiqqoo

πολύ / λίγο

aara / gammachuu

θυμωμένος / ήρεμος

bareeda / fokkuu

όμορφος / άσχημος

calqaba / xumuura

αρχή / τέλος

guddaa / xiqqaa

μεγάλος / μικρός

ifa / dukkana

φωτεινός / σκοτεινός

oboleessa / obboleettii

αδελφός / αδελφή

qulqulluu / xurii

καθαρός / λερωμένος

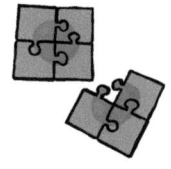

xumuuramaa / kan hin xumuuramin

πλήρης / ατελής

guyyaa / halkan

ημέρα / νύχτα

du'aa / jiraa

νεκρός / ζωντανός

bal'aa / dhiphaa

φαρδύς / στενός

kan nyaatamu / kan hin nyaatamne

βρώσιμος / μη βρώσιμος

badd / gaarii

κακός / ευγενικός

gammachuu / ifannaa

ενθουσιασμένος / βαριεστημένος

furdaa / qal'aa

παχύς / λεπτός

calqaba / dhuma

πρώτος / τελευταίος

michuu / diina

φίλος / εχθρός

guutuu / duwwaa

γεμάτος / άδειος

sakoruu / lalllaafaa

σκληρός / μαλακός

ulfaataa / salphaa

βαρύς / ελαφρύς

beeluu / dheebuu

πείνα / δίψα

dhukkuba / fayyaa

άρρωστος / υγιής

seer malee / seera qabeessa

παράνομος / νόμιμος

gaanfuree / dabeessa

έξυπνος / χαζός

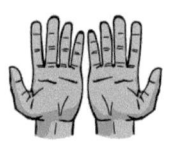

bitaa / mirga

αριστερός / δεξιός

maddii / fagoo

κοντινός / μακρινός

masaanuu - αντίθετα

haara'a / moofaa

καινούριος / μεταχειρισμένος

homma / waan tokko

τίποτα / κάτι

jaarsa / dargaggeessa

γέρος | νέος

ibsuu / dhaamsuu

αναμμένος / σβηστός

banuu / cufuu

ανοιχτός / κλειστός

callisuu / sagalee olkaasuu

χαμηλόφωνος / μεγαλόφωνος

sooressa / hiyyeessa

πλούσιος / φτωχός

sirrii / dogongora

σωστός / λανθασμένος

sokorruu / lallaafaa

τραχύς / λείος

aara / gammachuu

τημένος / χαρούμενος

dheeraa / gabaabaa

κοντός / μακρύς

qususaa / collee

αργός / γρήγορος

jiidhaa / goggogaa

υγρός / στεγνός

oo'aa / qorraa

ζεστός / δροσερός

lola / nagaa

πόλεμος / ειρήνη

0

duwwaa

μηδέν

1

tokko

ένα

2

lama

δύο

3

sadis

τρία

4

afur

τέσσερα

5

shan

πέντε

6

jaha

έξι

7

torba

εφτά

8

saddeet

οκτώ

9

sagal

εννιά

10

kudhan

δέκα

11

kudha tokko

έντεκα

12

kudha lama

δώδεκα

13

kudha sadi

δεκατρία

14

kudha afur

δεκατέσσερα

15

kudha shan

δεκαπέντε

16

kudha jaha

δεκαέξι

17

kudha torba

δεκαεφτά

18

kudha saddeet

δεκαοκτώ

19

kudha sagal

δεκαεννέα

20

diigdama

είκοσι

100

dhibba

εκατό

1.000

kuma

χίλια

1.000.000

maliyoona

εκατομμύριο

Ingiliffa

Αγγλικά

Ingiliffa Ameerikaa

Αμερικάνικα Αγγλικά

Mandarinii chaayinaa

Μανδαρίνικα Κινέζικα

Afaan Hindii

Χίντι

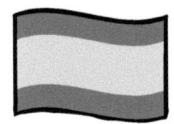

Afaan Speen

Ισπανικά

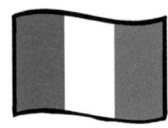

Afaan Faransaay

Γαλλικά

Afaan Arabaa

Αραβικά

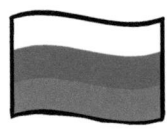

Afaan Raashaa

Ρώσικα

Afaan Poortugaal

Πορτογαλικά

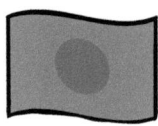

Afaan Beengaal

Μπενγκάλι

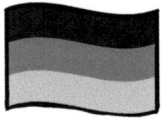

Afaan Jarman

Γερμανικά

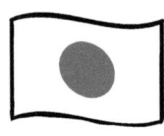

Afaan Jaappaan

Ιαπωνικά

ana

εγώ

si

εσύ

isa / ishii / isa / wantootaf

αυτός / αυτή / αυτό

nu'ii

εμείς

isin

εσείς

isan

αυτοί / αυτές / αυτά

eenyuu?

ποιος / ποια / ποιο;

maal?

τι;

akkamitti

πώς;

eessa?

πού;

hoom?

πότε;

maqaa

όνομα

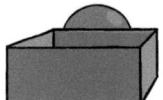

duuba

πίσω

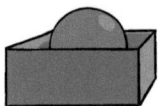

keessa

μέσα

fuldura

μπροστά

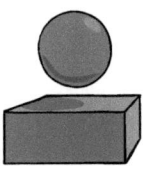

irra

πάνω από

gubbaa

πάνω

jala

κάτω

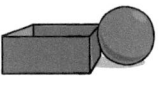

maddii

δίπλα

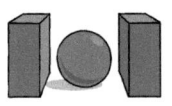

gidduu

ανάμεσα

bakkee

μέρος